LES LEÇONS D'UNE CRISE

Logiques économiques

Collection dirigée par Marie-Claude Esposito

La collection regroupe désormais « Logiques économiques » fondée pa Gérard Duthil et « Questions économiques » fondée par Xavier Richet †, sou la direction de Marie-Claude Esposito Elle couvre tous les domaines de l'économie au sens large (macroéconomi microéconomie, finance, stratégie d'entreprise, ressources humaines, etc.. et publie également des ouvrages qui s'efforcent de répondre aux grande questions actuelles. Elle s'adresse aux universitaires, aux étudiants, au professionnels de l'entreprise et aux lecteurs intéressés par le bouleversements économiques du monde contemporain en pleine mutation.

Dernières parutions

Jean-Luc BAILLY, *Revenu, travail et monnaie. De la genèse du capitalisme*, 2024.

Patrick THOUROT, *L'État face aux risques, De la crise à la gestion prévisionnelle*, 2023.

Christine GALAVIELLE, *La finance : un prisme fragile. Des visions changeantes*, 2017.

Claire EL MOUDDEN, *Redistribution équitable et régimes de retraite*, 2006.

Gérard DUTHIL, *Economie du travail et des ressources humaines*, 2004.

TRUTOS-PETERSON Claudia, *L'émergence de l'arbitrage commercial interna-tional en Amérique latine : l'éfficacité de son droit*, 2003. DIEBOLT C. ESCUDIER J-L., *La croissance économique dans le long terme*, 2002.

MAHIEU François-Régis, *Ethique économique. Fondements anthropologiques*, 2001.

SADIGH Elie, *Du libéralisme ou la loi du plus fort à l'économie politique*, 2001.

FIGUERA Stefano, *Théorie monétaire dans l'économie capitaliste*, 2001.

Sous la direction de

Tawfiq Rkibi et Ghislaine Pellat

LES LEÇONS D'UNE CRISE

COMMENT LES TERRITOIRES, LES CITOYENS ET LES ENTREPRISES S'APPROPRIENT L'EUROPE

L'Harmattan

À la mémoire de Xavier Richet

5-7, rue de l'École polytechnique, 75005 Paris

www.harmattan.fr
978-2-336-45462-7
9782336454627

SOMMAIRE

INTRODUCTION

Rkibi, Tawfiq
Universidade Europeia de Lisbonne
Pellat, Ghislaine
Université Grenoble Alpes

Cet ouvrage collectif, le premier d'un ensemble de deux, intitulés respectivement « Les leçons d'une crise » et « Quand la crise est porteuse d'innovation » est issu d'un colloque organisé au Portugal, résultat d'une collaboration entre l'Université Européenne de Lisbonne, l'IPAM de Porto, et le réseau de chercheurs européens ERECO-PGV – European Research Community dont l'activité permet, depuis bientôt trois décennies, l'organisation d'une conférence scientifique internationale annuelle portant sur des problématiques européennes.

À l'heure de la rédaction de ces deux ouvrages, les populations européennes vivent un ensemble de crises qui se croisent sur leurs territoires, alors que l'état des entreprises en Europe est plutôt satisfaisant. Comment l'Europe est-elle parvenue à surmonter avec succès la crise sanitaire issue de la Covid-19 ? L'expérience dérivée de la crise sanitaire a-t-elle préparé ces mêmes acteurs à réagir à d'autres crises d'ordre politique ou économique ? Si ledit ouvrage n'a pas la prétention d'être prédictif, il permet en revanche, grâce à des travaux de chercheurs européens, de mettre en exergue des expériences d'évolutions plus ou moins abouties. Le fil directeur de ces travaux est de montrer que les trois acteurs, que sont les territoires, les individus et les entreprises, ont fait preuve d'agilité pour s'adapter. On peut d'ores et déjà s'interroger sur les différents témoignages et analyses, pour savoir s'ils permettent d'anticiper les adaptations futures qui s'annoncent avec les conflits armés, les tiraillements politiques et les enjeux climatiques dont les conséquences sont effectives ou attendus à brève échéance. Ce recueil de textes a pour but d'illustrer les adaptations mises en œuvre, leurs modalités, ainsi que les réactions des individus concernées par ces changements.

Des différentes contributions, les questionnements semblent être plus importants encore, d'autant plus que les incertitudes, qui règnent sur le devenir des espaces régionaux, deviennent plus pressantes. Finalement et à l'issue de la COVID-19, quels futurs envisageons-nous ? Que retiendra l'Europe de cette crise pour organiser le futur des acteurs, des entreprises et des territoires ? Quels sont les modèles qui émergent de cette crise systémique ? Les États d'urgence remettraient-ils en cause l'État de droit et réduiraient-ils les libertés dans certains pays ? Que dire des politiques communautaires et de celles de la Banque Centrale Européenne (BCE) en matière de déficit budgétaire des États-membres ainsi que de la mutualisation de la dette et des taux d'intérêt associés ? Le monde de demain sera-t-il largement influencé par l'usage des outils associés au monde digital ? Que retiendront les politiques de santé et les pratiques médicales de ces expériences ? Autant de questions que les travaux, ici considérés, ont le mérite de soulever, même s'ils ne peuvent y répondre en totalité.

2020 et 2021 ont été deux années qui ont vu la pandémie Covid-19 s'installer partout dans le monde, provoquant une crise sanitaire mondiale. Les phénomènes associés à cette perturbation majeure ont inspiré les auteurs de ce livre, dont chacune des contributions retrace une facette des évolutions, qui ont été engagées par la contrainte et les tendances qui pourront affecter notre futur de chercheurs, d'enseignants, de citoyens, d'entreprises ou, encore, de territoires.

Ce recueil a l'avantage d'analyser l'effet contextuel sur l'ensemble des acteurs et des systèmes, permettant, ultérieurement, aux niveaux des territoires, des citoyens et des entreprises, de pouvoir le comparer au devenir que nous réservent les nouvelles réalités issues de cette crise.

La Covid-19 a imposé un confinement des activités et des personnes en un lieu donné, tout en sollicitant celles qui sont obligatoirement exercée presentiellement à le rester. Cette crise a également inscrit l'émergence de la technologie digitale en tant qu'outil principal du changement à l'échelle mondiale, affectant aussi bien les citoyens que les structures organisationnelles des territoires.

La grande majorité des communications ici présentées mentionnent l'interférence de l'outil digital au niveau du e-commerce, du télétravail, de l'enseignement à distance, de la télémédecine ou de l'analyse des comportements à partir de plateformes de données en lien avec les utilisateurs.

Des modélisations de la situation sont proposées afin de révéler ce que la littérature sur les crises en économie a pu mettre en évidence pour permettre d'en maîtriser les issues. Les bibliographies exhaustives recommandent que les structures affectées par ces mêmes crises soient à la fois souples, adaptatives et réactives. La réalité a toutefois montré que ce n'était pas toujours le cas dans les pays européens qui, dans leurs économies mondialisées, avaient perdu la maîtrise de leurs approvisionnements dans le domaine médical et dans de nombreux ravitaillements en produits sensibles. Ceci sans compter la répercussion de la pandémie sur l'administration, avec des analyses qui suggèrent des ralentissements dans le processus de planification dans certaines organisations publiques. Les auteurs comparent également la satisfaction des citoyens européens en fonction des pays et mentionnent que la vague de Covid 19, qui a fait basculer de l'insatisfaction à la satisfaction, se situe au niveau de la cinquième vague à un moment où l'Europe a souhaité une coopération au profit de l'ensemble de ses citoyens, à l'échelle de ses 27 pays membres. Être préparé à réagir à un changement majeur relève de la formation des citoyens. À ce titre, l'Université semble avoir un rôle majeur à jouer. En Italie, tout comme en Roumanie, les contributions insistent pour que les universités voient évoluer leurs objectifs : sortir de l'individualisme et évoluer vers une attitude européenne de collaboration, éduquer à la coopération plutôt qu'à la réussite individuelle, dépasser la simple transmission des connaissances pour aborder les savoir-être entre les cultures.

Par ailleurs, cinq études menées dans quatre pays différents constituent des illustrations des expériences vécues durant cette période pandémique. La Slovaquie propose deux situations, l'une relative aux compétences digitales des salariés et l'autre en rapport avec les comportements d'achat des consommateurs. Pour sa part, le Portugal met en évidence une situation de commercialisation favorisée par la crise à travers une nouvelle solution bancaire proposée à des clients à distance, les résultats s'avérant très positifs. La France, à son tour, explique les évolutions dont ont fait preuve les accompagnants de créateurs d'entreprise, afin de maintenir le taux de création attendu ainsi que le niveau de viabilité de ces initiatives. La Pologne, en ce qui la concerne, démontre le rôle du client dans la capacité à produire de l'innovation et à l'adopter dans ce contexte changeant.

De l'ensemble des situations observées, il ressort que la technologie digitale a provoqué un changement majeur, que l'organisation habituelle a été modifiée et s'est plus ou moins adaptée selon sa capacité à être flexible et agile. Les cas étudiés lors des enquêtes ont montré que le manque de compétences digitales était d'autant plus important quand le niveau socio-culturel était faible ou lorsque l'âge des participants était élevé. Les consommateurs conservent dans leurs comportement futurs l'accès aux outils du e-commerce ou de la livraison à domicile, surtout lorsqu'ils habitent dans des grandes villes et que leur niveau culturel est élevé. L'opportunité de dialoguer avec les clients à distance, afin de leur proposer de nouvelles solutions, a été utilisée positivement par une banque, augmentant ainsi la confiance des clients dans cette organisation. Puisque le doute est un corollaire omniprésent chez les jeunes créateurs d'entreprises, un accompagnement plus individualisé et renforcé en fréquence a été mis en place dans le cadre de l'expérience française. Les canaux commerciaux habituels étant revisités, de nouvelles solutions ont rapidement été adoptées par les clients et les structures commerciales y ont répondu simultanément.

Ces évolutions constatées étaient toutes en latence avant la crise et les tendances concernant la pratique évoluaient régulièrement, mais à des rythmes différents selon les pays, ou encore en fonction des incitations juridiques ou fiscales. Avec la Covid-19, ces tendances sont devenues des pratiques qui se projettent dans le temps pour moduler le futur. Il convient de souligner l'importance de la composante humaine dans la réussite de l'adaptation à ces situations nouvelles de mise à distance, souvent assorties d'un cadre de références perturbées.

Toutefois et au moment de la sortie de cet ouvrage, il semble que les pratiques initiales tentent à renouer avec le *statu quo* en revenant aux routines de l'avant Covid. C'est le cas notamment des salons professionnels qui, malgré une baisse de participation estimée entre 15 à 20 %, retrouvent à la fois leurs exposants et leurs clients, sachant que ces derniers délèguent désormais une partie de leurs activités aux outils du digital. Il n'en demeure pas moins que demain verra plusieurs changements, tel que celui qui est associé à la protection de la planète, lequel obligera et induira, nous le supposons, des changements de comportements et des modifications très conséquentes dans le moyen et le long terme.

LA COVID-19 A-T-ELLE PARALYSE LA PLANIFICATION DANS L'ADMINISTRATION PUBLIQUE ? DES EVIDENCES CONCERNANT L'ORGANISATION DU MINISTERE DE L'ECONOMIE

Caldeira, Jorge
Universidade Europeia de Lisbonne, Portugal
Rkibi, Tawfiq
Universidade Europeia de Lisbonne, Portugal

ABSTRACT

The COVID-19 pandemic has been a disruptive event worldwide, with turbulent effects on all economies and societies. It forced organizations to go digital, transforming many aspects of our daily routines, like work methods, organization and interaction between institutions and people. The pandemic crisis has taken on all the components of a VUCA environment, an acronym which describes the volatile, uncertain, complex and ambiguous environment that presently characterizes the chaotic world of organizations, which is now known as the "new normal". Considering that the planning of organizations is referred to as having many limitations in a VUCA environment, the way strategic and operational planning in public administration is being influenced by the COVID-19 pandemic must be determined. The methodology was based on the analysis of information for 4 years (2018 to 2021) on the planning process (strategic plan, operational plan and assessment and accountability framework) in the 20 bodies under the supervision of the Ministry of Economy. Analysis of the possible discontinuation of obligations in matters of public sector planning. The study suggests that the COVID-19 pandemic may have slowed down the planning process in some public organizations. Even though turbulence and management have been linked for at least 50 years, what we know about how public-sector planning is influenced by turbulent contexts is limited. This study aims to give some indication of the level of impact of disruptive events on public sector planning.

RESUME

La pandémie de COVID-19 a été un événement perturbateur dans le monde entier, créant des turbulences dans toutes les économies et sociétés. Cela a forcé les organisations à passer au numérique et transformé de nombreux aspects de nos routines quotidiennes, comme les méthodes de travail, l'organisation et l'interaction entre les institutions et les personnes. La crise pandémique a pris toutes les composantes d'un environnement VUCA, acronyme qui décrit l'environnement volatile, incertain, complexe et ambigu qui caractérise actuellement le monde chaotique des organisations, que l'on appelle désormais la « nouvelle normalité ». Considérant que la planification des organisations est considérée comme ayant de nombreuses limitations dans un environnement VUCA, la façon dont la planification stratégique et opérationnelle dans l'administration publique est influencée par la pandémie de COVID-19 doit être déterminée. La méthodologie était basée sur l´analyse des informations de 4 années (2018 à 2021) sur le processus de planification (plan stratégique, plan opérationnel et cadre d'évaluation et de reddition de comptes) dans les 20 organismes sous tutelle du ministère de l'Économie. Analyse de l'éventuelle suppression des obligations en matière de planification du secteur public. L'étude suggère que la pandémie de COVID-19 pourrait avoir ralenti le processus de planification dans certaines organisations publiques. Même si turbulences et gestion sont liées depuis au moins 50 ans, ce que nous savons sur la façon dont la planification du secteur public est influencée par des contextes turbulents est limité. Cette étude vise à donner une indication du niveau d'impact des événements perturbateurs sur la planification du secteur public.

Keywords: **COVID-19, Planning, Public administration, Portugal, VUCA**

Mots-clés: **Administration publique, COVID-19, Planification, Portugal, VUCA**

JEL Classification: **D81, G28, G38, H61, H83, I18, L1, M48**

OBJECTIF

L'année de 2020 a été caractérisée par de grandes turbulences. Les gouvernements du monde entier furent non seulement confrontés à l'un des plus grands défis de santé publique du siècle, sous la forme de la pandémie COVID-19, mais aussi à ses impacts sous la forme d'une crise économique et sociale (Delloite, 2021).

Plusieurs auteurs ont étudié la planification dans des contextes de turbulence et de crise, soulignant encore davantage son importance. Sachant que la planification dans les organisations est décrite comme ayant de nombreuses limites dans un environnement turbulent (Baaij & Reinmoller, 2018 ; LoGiudice *et al.,* 2020), mais qu'elle est également mentionnée comme étant encore plus nécessaire en temps de crise (Bryson, 2018), de nombreux auteurs soulignent son importance pour le succès des organisations (Johnsen, 2015 ; Mazzucato & Kattel, 2020 ; Teece *et al.,* 1994). D'où le besoin de déterminer dans quelle mesure la planification stratégique et opérationnelle dans l'administration publique est influencée par l'impact de la COVID-19.

À cet égard, il est important de comprendre dans quelle proportion la planification des institutions publiques est affectée par des événements turbulents qui impliquent des éléments de volatilité, d'incertitude, de complexité et d'ambiguïté (VUCA). Dans un contexte de crise, provoquée par la COVID-19, l'objectif de cette étude est d'analyser la discontinuité éventuelle en matière de planification stratégique et opérationnelle dans les établissements publics sous tutelle du Ministère de l'Économie et de la Transition Numérique du Portugal.

Presque tous les organismes publics sont tenus d'établir un plan de travail et un budget annuel, ainsi qu'un cadre d'évaluation et de responsabilisation. En revanche, la préparation d'un plan stratégique est facultative. L'étude vise, ainsi, à déterminer comment les pratiques d'élaboration et de publication de trois documents de planification stratégique et opérationnelle des organismes appartenant à l'administration publique (Plan stratégique ; Plan de travail et Budget annuel ; Cadre d'évaluation et de redevabilité) ont été influencées par le contexte perturbateur et par l'impact respectif de la pandémie de la COVID-19.

CONSIDERATIONS METHODOLOGIQUES

Il s'agit d'une étude transversale qui analyse la période de 2018 à 2021. Le décret-loi n° 169-B/201920 identifie 20 organismes sous l'égide du ministère de l'Économie et de la Transition Numérique. Sur les 20 entités, que représente l'échantillon de cette étude, seuls 17 sont tenues de présenter un plan de travail et un budget annuel (PAAO) et seulement 10 sont appelées à soumettre un cadre d'évaluation et de responsabilisation (QUAR). Aucun de ces organismes n'est obligé de présenter un plan stratégique (PS).

Les données ont été collectées le 20 mars 2021 à partir des pages Web des organismes en question, en vue de chercher les preuves de la publication de documents de planification stratégique, qui ne sont pas obligatoires, et de documents opérationnels que les organismes sont légalement obligés de publier dans le cadre de leur activité annuelle (plan de travail, budget, évaluation et responsabilisation).

Les informations recueillies portent sur la préparation et la publication des documents de planification des 20 organismes relevant du ministère de l'Économie (tableau 2) au cours des quatre dernières années (2018 à 2021).

Une tentative a été faite pour déterminer la situation de chaque organisme lors de chacune des années à l'égard des trois documents de planification : « Y » - document préparé et mis à disposition, « N » - document non mis à disposition et «

na » - l'organisme n'a aucune obligation légale de préparer le document.

Une analyse des résultats « Y » et « N » a déterminé « l'arrêt de la préparation/partage » chaque fois qu'un organisme avait un « N » en 2021 mais un « Y » lors des autres années, et « non publié » lorsqu'un organisme n'aurait produit aucun document en 2021, alors qu'il ne l'avait pas fait non plus les années précédentes.

LA STRUCTURE

Cet article est structuré en cinq points précédés par une introduction et s'achevant par des considérations finales et par des références bibliographiques. Plusieurs questions sont abordées : La COVID-19 en tant que contexte d'une conséquence pandémique inattendue ; l'analyse de l'effet de la propagation pandémique sur le Portugal, sur ses organisations et sur les processus de travail ; la revue de la littérature où sont présentés les concepts de l'environnement VUCA (volatilité, incertitude, complexité et ambiguïté) et l'importance de la gestion et de la planification stratégiques dans l'administration publique. Finalement, une étude empirique portant sur le cas du Ministère de l'Économie et de la Transition Numérique a été réalisée. Il est question d'expliquer les instruments de planification de l'administration publique, tout en vérifiant et en analysant l'observation de leur élaboration pour générer, *a posteriori*, une discussion des résultats obtenus.

COVID-19 : UN CONTEXTE ET UN EFFET INATTENDUS

GENESE DU PROBLEME

La pneumonie à coronavirus, connue sous le nom de la COVID-19, est apparue pour la première fois à Wuhan, en Chine, en décembre 2019 (Duan *et al.,* 2021 ; Lo Giudice *et al.*, 2020 ; Nangia & Mohsin, 2020) ; elle s'est propagée dans le monde entier en l'espace de trois mois (Carracedo *et al.,* 2020). La COVID-19 est une maladie hautement contagieuse causée par un syndrome respiratoire aigu sévère récemment découvert Coronavirus 2 (SARS-CoV-2) (LoGiudice *et al.,* 2020 ; Murugan *et al.*, 2020). Le 11 mars 2020, l'Organisation mondiale de la santé (OMS) a déclaré que la COVID-19 était une crise pandémique mondiale (OMS, 2020). Ce jour-là, le monde comptait déjà 118 000 cas d'infection dans 114 pays et 4 291 personnes avaient perdu la vie. Au départ, la perception était que l'épidémie de la COVID-19 resterait localisée en Chine. Plus tard, elle s'est propagée à travers le monde grâce à la circulation des personnes (Ozili & Arun, 2020). Un an plus tard, 121,2 millions de personnes avaient été touchées et les décès s'élevaient déjà à 2,6 millions de cas (Johns Hopkins, 2021).

La pandémie de la COVID-19 est l'exemple parfait d'un cygne noir. Nicholas Nassim Taleb a popularisé la métaphore du cygne noir pour décrire un événement à très faible probabilité, mais à très fort impact (Taleb, 2007).

CONSEQUENCES SUR LES ORGANISATIONS ET LES PROCESSUS DE TRAVAIL AU PORTUGAL

L'année 2020 a été marquée par la mise en place de plusieurs mesures par les gouvernements : fermeture d'entreprises non essentielles, restrictions à la circulation des personnes, distanciation sociale, auto-quarantaine, fermeture des frontières et restriction des déplacements. Ce confinement a donc entraîné une réduction de l'emploi et une hausse du chômage dans tous les secteurs d'activité (Nicola et al., 2020). Selon le rapport de l'OCDE (2020), l'incidence des cas de la COVID-19 et le nombre de décès variaient considérablement chez les membres de l'OCDE. L'ampleur et le type de réponses variaient également en fonction des circonstances propres à chaque pays. Le Portugal a enregistré son premier cas de la COVID-19 le 2 mars 2020, pratiquement un mois après la détection du premier cas en Europe (DGS, 2020 ; Oliveira & Fernandes, 2020 ; OCDE, 2020). Le gouvernement portugais a réagi presque immédiatement, approuvant la mise en œuvre d'un plan de relance destiné aux citoyens, aux entreprises et aux pouvoirs publics (Gomes, 2021). Dans les pays de l'OCDE, les plans de réponse visaient principalement à atténuer, contenir et gérer la propagation de la COVID-19. De nombreux gouvernements ont annoncé des plans progressifs, répondant aux conséquences de la pandémie au fur et à mesure qu'elle progressait (OCDE, 2020). Selon Ricoca et al. (2020), le Portugal a pris les premières mesures pour contrôler la COVID-19, lorsqu'il a imposé le confinement le 16 mars 2020 à l'issue de l'enregistrement de 62 cas pour un million d'habitants, mais sans décès signalé. Selon les auteurs, les restrictions aux activités économiques et sociales ont réduit la mobilité d'environ 80 %. Les mesures limitatives définies par le gouvernement portugais deux semaines après les premiers cas comprenaient la mise en place du télétravail, l'annulation des événements publics, la gratuité des transports publics pour éviter que l'argent puisse changer de mains, la fermeture de services susceptibles d'attirer la foule et la suspension des vols (Oliveira & Fernandes, 2020).

Concernant la gestion publique, les premières réponses concernant l'emploi public et la gestion ont porté sur : 1) Assurer la continuité des services, le travail à distance et l'affectation du personnel aux services essentiels. 2) Soutenir les fonctionnaires en incapacité de travail. 3) Engagements envers les syndicats et autres parties prenantes (OCDE, 2020). Un rôle important a été joué par l'Agence pour la modernisation administrative (AMA), qui a coordonné un système de communication centralisé. L'AMA a fourni des directives techniques pour l'administration publique et elle a mis en place un portail, eportugal.gov.pt, pour améliorer l'accès en ligne aux services publics (OCDE, 2020).

Cependant et dans ce contexte pandémique, certains aspects positifs sont à signaler. Malgré toutes les contraintes, la COVID-19 a agi comme un catalyseur de la transition numérique pour les gouvernements, dans la mesure où elle a changé l'attitude du secteur public face à cette question et a également invité les organismes à accroître leur flexibilité et leur adaptabilité (Delloite, 2020). Au cours des premiers mois de la pandémie, le gouvernement portugais a approuvé un ensemble de mesures non financières pour rendre la gestion publique plus rationnelle et davantage flexible à travers l'accélération de la transformation numérique dans les institutions publiques (Gomes, 2021). Selon l'auteur, alors que la transformation numérique était déjà prévue dans les plans gouvernementaux pour la période 2020-2023, la pandémie a accéléré sa mise en œuvre.

REVUE DE LA LITTERATURE

L'ENVIRONNEMENT VUCA ET LA PLANIFICATION STRATEGIQUE EN TEMPS DE CRISE

Pour l'acronyme VUCA, "V" signifie volatilité, "U" pour incertitude, "C" pour complexité et "A" pour ambiguïté. Il décrit l'environnement turbulent et chaotique dans lequel la plupart des organisations opèrent (Murugan et al., 2020). Le concept VUCA est apparu pour la première fois dans les années 1990 au US Army War College (Johansen & Euchner, 2013) et s'est consolidé dans le langage courant pour décrire la « nouvelle normalité » pour les organisations et pour les personnes en général (Lawrence, 2013). Selon Worley & Jules (2020), les organisations confrontées aux réalités d'un monde COVID-19 se heurtent à des prérequis exigeants et sans précédent, dans la mesure où elles doivent redistribuer leurs compétences, mettre en place le télétravail, renforcer les capacités et planifier la réouverture dans un contexte d'incertitude. Compte tenu des changements rapides qui se produisent dans les domaines sociaux, économiques, politiques et technologiques, la pandémie de la COVID-19 est un exemple parfait d'un environnement VUCA (Nangia & Mohsin, 2020). Pour Bensley (2020), l'expérience de la COVID-19 a fait du VUCA une réalité incontournable pour presque tout le monde.

Bennett & Lemoine (2014) présentent une définition de chacun des composants du VUCA assez consensuelle entre plusieurs auteurs (Baaji & Reinmoeller, 2018 ; Kaivo-oja & Lauraeus, 2018 ; Thorén & Vendel, 2018), (Tableau 1).

Tableau 1. Définitions des composants VUCA

Composants	Définition
Volatilité	L'information est disponible et la situation est compréhensible, mais le changement est fréquent et parfois imprévisible.
Incertitude	Le manque de connaissance sur un événement aura un impact significatif. Les causes et les effets sont compris, mais on ne sait pas si un événement créera des changements significatifs
Complexité	De nombreuses parties interconnectées formant un réseau élaboré d'informations et de procédures, très souvent multiformes et

	compliquées, mais n'impliquant pas nécessairement des changements
Ambiguïté	Méconnaissance des « règles de base du jeu » ; la cause et l'effet ne sont pas compris et il n'y a pas de précédents pour faire des prédictions sur ce à quoi s'attendre.

Source : Élaboration propre adaptée à partir de différentes sources bibliographiques

La crise causée par la pandémie de la COVID-19 a tous les ingrédients d'un environnement VUCA. La volatilité qui est due à la vitesse de transmission du virus et à l'évolution des situations (LoGiudice *et al.,* 2020 ; Murugan *et al.,* 2020). Bensley (2020) affirme que la COVID-19 a créé de la volatilité à tous les niveaux. Il y a l'incertitude en ce qui concerne les résultats des mesures mises en place pour contrôler la pandémie (Murugan *et al.,* 2020), mais de l'incertitude aussi sur la propagation du virus (LoGiudice *et al.,* 2020). La complexité ressort de la manière dont la société devrait réagir pour lutter contre la pandémie et de la variabilité des effets économiques et des schémas de perturbation sociale en raison des conséquences de l'interaction entre toutes les variables (Bensley, 2020). L'ambiguïté, finalement, dans la mesure où les organisations sont confrontées aux réalités d'un monde COVID-19 aux exigences strictes et inédites (Carracedo *et al.,* 2020 ; Worley & Jules, 2020) et où certaines des informations sur la pandémie sont parfois incorrectes ou fausses (OMC, 2020).

Si jamais il y a eu un moment propice pour utiliser le mot VUCA, c'est bien celui-ci, à la lumière des effets de la pandémie COVID-19 (Nangia & Mohsin, 2020).

Plusieurs auteurs soulignent les conséquences des éléments de l'environnement VUCA sur la planification dans les organisations. Baaij & Reinmoller (2018) affirment que VUCA a créé un défi majeur pour le processus de planification stratégique dans les organisations. Selon Bryson (2018), l'incertitude et les interactions qui touchent l'environnement des organismes publics ont augmenté ces dernières années, à un tel point que lorsque des changements ont lieu dans une partie du système, ils se répercutent de manière imprévisible et chaotique sur les autres parties. L'auteur souligne également que le niveau de turbulence devrait augmenter à l'avenir et il faut donc s'attendre à des périodes d'instabilité, d'incertitude et d'ambiguïté. Dans cette même lignée, Ansell *et al.* (2020) disent que les événements turbulents reviennent dans le futur et d'une façon que nous ne sommes pas en mesure d'imaginer.

Pour LoGiudice *et al.* (2020), la crise de la COVID-19 a essentiellement changé la planification dans les organisations pour deux raisons. La première concerne l'augmentation du niveau des changements possibles qui ont un effet sur un éventail plus large de résultats. La seconde est liée à la rapidité des changements qui s'est accélérée durant cette crise. Alors qu'auparavant il y avait, relativement, peu d'incertitude sur une période de trois à six mois, le rythme du changement est désormais mesurable en semaines, voire en jours. Mazzucato & Kattel (2020) affirment que la pandémie COVID-19 a entraîné un défi majeur pour le secteur public et ont souligné l'importance de la capacité de ce secteur à faire face aux urgences. De l'avis des auteurs, face aux pandémies, les gouvernements devraient réagir aux urgences en organisant des réponses rapides et en garantissant des ressources, ce qui souligne l'importance de la flexibilité organisationnelle et de la capacité à planifier afin d'optimiser la mobilisation des ressources pour des réponses rapides et efficaces.

La gestion stratégique a été considérée comme une question fondamentale qui explique le succès ou l'échec d'une entreprise (Teece *et al.,* 1994). Selon Mišanková & Kočišová (2014), l'exécution efficace d'une stratégie clairement définie est un facteur de succès des entreprises. Selon Bracker (1980), l'un des facteurs les plus importants de la gestion stratégique est sa capacité à donner aux organisations les compétences dont elles ont besoin pour s'anticiper dans des environnements changeants et pour faire face à l'incertitude de l'avenir. Bien que le management stratégique soit un processus complexe, qui se développe sur un terrain inconnu, et qu'il ne constitue pas une recette garantissant le succès, il permet à une organisation d'exercer un contrôle sur son destin dans la mesure où son attitude face à l'avenir devient plus proactive et moins réactive (David, 2001).

Malgré sa complexité et le coût engendré, pour Ansoff *et al.* (2019) la stratégie est un outil puissant pour faire face à des contextes changeants et il ne fait aucun doute qu'elle finit par être amorti. Plusieurs auteurs soutiennent que la gestion stratégique pourrait être encore plus importante en période d'incertitude et de turbulences, bien qu'il soit tentant de céder à une approche attentiste, notamment en évitant de prendre des décisions critiques (Baaij & Reinmoller, 2018 ; Millar *et al.*, 2018). C'est en période de grande incertitude que les managers sont appelés à faire les bons choix dans leurs stratégies et à construire l'avenir de l'entreprise (Giones *et al.,* 2019). Selon Ansoff *et al.* (2019), la stratégie est un outil qui aide les entreprises et le reste des organisations à faire face à des contextes de turbulences. Le rôle du stratège consiste à exercer une influence sur la volatilité, à gérer l'incertitude, à simplifier la complexité et à résoudre l'ambiguïté (Yarger, 2006). Selon Nicolas *et al.* (2020), les craintes d'une nouvelle récession et d'un effondrement financier exigent un l*eadership* fort et résilient au niveau des soins de santé dans les entreprises, au niveau des gouvernements et chez la société en général. Ils estiment qu'une planification à moyen et long terme est nécessaire pour rééquilibrer et redynamiser l'économie après cette crise.

Pour Grant (2003), les pratiques de planification stratégique ont considérablement changé au cours de la période 1980-2000 en réponse aux défis de la formulation d'une stratégie dans des environnements turbulents et imprévisibles, ce qui est révélateur d'une certaine préoccupation quant à l'adaptation des modèles, des techniques, des cadres et des méthodologies de planification et de gestion stratégique face aux défis de l'environnement turbulent. Cependant, peu d'ajustements semblent avoir été apportés, étant donné que certains auteurs affirment que les pratiques de gestion stratégique sont, d'une certaine manière, inefficaces dans des environnements turbulents (Baaij & Reinmoller, 2018 ; Thorén & Vendel, 2019 ; Weston, 2020). Giones *et al.* (2019) soutiennent que les outils et modèles traditionnels n'ont pas été en mesure de prédire les changements qui se sont produits. Selon Bennett & Lemoine (2014), il y a des spécialistes et des cadres qui considèrent la gestion stratégique dans un environnement turbulent comme un simple exercice futile.

Malgré la critique d'Henry Mintzberg concernant l'impossibilité de prédire la majorité des phénomènes dans les environnements des organisations (Mintzberg, 1994), de nombreux auteurs ont cherché à trouver des réponses pour minimiser les effets de l'environnement turbulent. Plus le niveau de perturbation est élevé, plus il est important d'être mieux préparé aux crises futures (Martin *et al.,* 2020). Ces auteurs ont présenté une liste de contrôle pour répondre à la crise de la COVID-19 : 1) Tenez-vous au courant des informations les plus récentes. 2) Partagez des informations. 3) Utilisez des spécialistes pour les prévisions. 3) Mettez à jour les plans en temps utile (« documents vivants »). 4) Recadrez et analysez constamment ce qui se passe. 5) Préparez-vous à la prochaine crise.

Pour Ansell *et al.* (2020), les turbulences causées par la COVID-19 nécessitent des réponses solides de la part de l'administration publique. Les auteurs affirment que l'une des plus importantes concerne le développement de stratégies robustes, qui peuvent rationaliser les organismes qui en dépendent en les rendant plus flexibles, afin qu'elles puissent trouver des solutions et tirer le meilleur parti des opportunités susceptibles de pouvoir se présenter.

Les organisations doivent être plus flexibles afin d'augmenter leur capacité à s'adapter rapidement face aux turbulences. Avoir des plans qui pourraient être efficaces à la lumière des défis auxquels fait face l'administration publique signifie être constamment à jour. Pour disposer de la capacité d'ajuster les plans, afin qu'ils soient conformes aux défis actuels, il est demandé aux organisations une capacité d'analyse systématique sur ce qui se passe et une efficacité à tous les niveaux.

La planification dans l'administration publique

La gestion des organisations était essentiellement motivée par la budgétisation (Furrer *et al.,* 2008). Dans les années 1950, les organisations ont été confrontées à des défis de compétitivité et d'expansion qui dépassaient les capacités des processus de planification, basés jusque-là sur la budgétisation. C'est dans ce cadre qu'est apparue, pour la première fois, la planification à long terme (Ansoff *et al.,* 2019). Depuis quelques années, cette planification à long terme a su démontrer son utilité et a été une réponse efficace aux enjeux des grandes et moyennes entreprises, mais uniquement dans des situations où le futur de l'entreprise pouvait être extrapolé à partir du passé (Ansoff *et al.*, 2019). Avec l'augmentation des turbulences et de la discontinuité de l'environnement, on ne peut plus s'attendre à ce que l'avenir soit prévisible par extrapolation historique. C''est pourquoi il est devenu crucial d'analyser l'environnement externe de l'organisation (Ansoff *et al.*, 2019). La planification stratégique est apparue dans les années 1960, dix ans après la planification à long terme (Mintzberb, 1994) ; elle a remplacé l'extrapolation par l'analyse de l'environnement. La planification stratégique a fait l'objet de nombreuses critiques et des questions ont été posées sur son incapacité à améliorer les performances de l'entreprise (Grant, 2020). Selon l'auteur, la transition de la planification stratégique à la gestion stratégique se produit lorsque la concurrence dans l'environnement devient le focus et que la maximisation de la performance devient le but principal des entreprises. La gestion stratégique est une discipline académique remontant au début des années 1960 (Ansoff, H Igor, *et al.*, 2019 ; Mintzberg, 1994) et elle est maintenant considérée comme l'un des domaines les plus décisifs et les plus importants dans le domaine de la gestion (Guerras-Martin, 2014). Bien que les concepts de base du management stratégique aient été développés dans les années 1960, ils ne se sont consolidés que dans les années 1970 (Ansoff H. Igor *et al.,* 2019).

C'est à partir de 1970 que l'administration publique a commencé à s'intéresser à la planification stratégique (Caymaz *et al.*, 2013) ; mais, ce n'est que vers la fin des années 1980 qu'elle a commencé à appliquer les concepts et les techniques de gestion stratégique en réponse aux turbulences des années 1970 (Johnsen, 2015). Selon Johnsen (*op.cit*), la gestion stratégique dans le secteur public est une discipline académique relativement jeune. L'auteur dit que la littérature académique sur la gestion stratégique dans le secteur public a commencé à augmenter au milieu des années 1980. Toutefois, ce n'est que dans les années 1990 que la gestion stratégique a pris forme dans l'administration publique et les organisations ont consacré des ressources importantes pour définir leur mission, leur vision, leurs valeurs, leur stratégie et leurs objectifs stratégiques (Froholdt, 2020). Bryson (2010) affirme que, depuis 1985, la gestion stratégique est devenue une pratique courante dans le secteur public aux États-Unis. De nos jours, presque toutes les organisations du secteur public utilisent la planification stratégique comme un outil pour améliorer la performance (Caymaz *et al.,* 2013 ; Johnsen, 2015).

Bryson (2018) estime que la gestion stratégique produit des décisions et des actions qui façonnent et qui orientent une organisation, y compris ce qu'elle fait et pourquoi elle le fait. Selon Bryson (2010), la planification stratégique est devenue la norme dans l'administration publique et l'expérience montre qu'elle apporte des bénéfices indéniables : elle favorise la réflexion stratégique, améliore la prise de décision, l'efficacité organisationnelle, la capacité de réponse et la résilience. Elle rend également légitime le rôle des organisations, etc. Selon Caldeira (2015), la gestion stratégique est considérée par les dirigeants et les spécialistes du management comme un processus fondamental pour une bonne gestion dans les organisations publiques et privées. Johnsen (2015) affirme que le management stratégique est important pour le développement des organisations publiques, étant donné qu'il a un effet sur la capacité d'adaptation des organisations, sur la performance et sur la légitimation de leur mission.

Poister (2010) a anticipé l'importance du rôle de la planification dans l'administration publique. Il a déclaré que même si la planification stratégique s'est consolidée au cours des vingt-cinq dernières années, elle devra à l'avenir jouer un rôle encore plus critique qu'elle ne le fait aujourd'hui afin que les gestionnaires publics soient en mesure de prévoir et de gérer le changement et de faire face aux nouveaux problèmes qui, selon toute vraisemblance, surgissent très rapidement. Bryson (2018) souligne que la planification stratégique dans l'administration publique n'a jamais été aussi importante qu'aujourd'hui, étant donné que ces organisations sont censées penser et agir de manière stratégique.

Un système de gestion stratégique implique que la planification opérationnelle soit intégrée dans le plan stratégique, dans la mesure où les unités commerciales alignent leurs plans opérationnels sur le plan stratégique et surveillent la réussite de leurs objectifs (Plant, 2009). L'auteur ajoute également que si une organisation n'a pas de gestion stratégique, elle aura du mal à réussir, à fournir un service aux citoyens et à soutenir les parties prenantes. Pour Giraudou & McLarney (2014), le plan stratégique augmente l'alignement entre la stratégie et l'environnement externe et aide l'organisation à concevoir des objectifs et des plans opérationnels plus cohérents, qui renforcent l'engagement de l'institution, des managers et des employés.

ETUDE EMPIRIQUE : LE CAS DU MINISTERE PORTUGAIS DE L'ECONOMIE ET DE LA TRANSITION NUMÉRIQUE (METN)

Le cas du METN fait l'objet de ce travail, dans la mesure où il s'agit de l'entité chargée de l'élaboration des politiques publiques qui ont des effets sur plusieurs domaines de l'activité économique : l'industrie, le commerce, les services et le tourisme. Selon le décret-loi n° 169-B/2019, le METN supervise 20 organismes : Le Secrétariat général de l'économie ; le Bureau de la stratégie et des études ; la Direction générale des activités économiques ; la Direction générale de la protection des consommateurs ; l'Autorité de sécurité économique et alimentaire. Ce ministère a également des pouvoirs de surveillance et il est responsable des entités suivantes : IAPMEI - Agência para a Competitividade e Inovação, I.P. (agence pour la compétitivité et l'innovation); Instituto do Turismo de Portugal, I.P. (organisme en charge de la promotion touristique); Instituto Português da Qualidade, I.P. (organisme chargé de la qualité); Instituto Português de Acreditação (homologation et conformité), etc. Le METN, conjointement avec le ministère du Travail, de la Solidarité et de la Sécurité sociale, le ministère de la Science, de la Technologie et de l'Enseignement supérieur et le ministère des Finances, a également des pouvoirs de tutelle sur le programme d'initiative nationale sur les compétences numériques « e.2030 ».

Il convient de souligner que le METN a pour mission de formuler, conduire, exécuter et évaluer les politiques de développement visant la croissance économique, la compétitivité, l'investissement, l'innovation, l'internationalisation des entreprises, la promotion de l'industrie, du commerce, des services et du tourisme, la protection des consommateurs et la transition numérique (METN, 2021).

Les Instruments de planification et les obligations dans l'administration publique

La grande majorité des organismes publics est tenue d'établir annuellement un plan de travail et un budget, ainsi qu'un cadre d'évaluation et de responsabilisation. Pour sa part, la préparation d'un plan stratégique demeure facultative.

Le plan stratégique structure la réponse à moyen et long terme des institutions, alors que le plan de travail et le budget portent sur l'opérationnalisation de la stratégie à court terme. Le cadre d'évaluation et de responsabilisation permet d'améliorer la transparence de la planification dans les établissements et mesure, mathématiquement, la performance opérationnelle en fonction des principaux objectifs opérationnels.

Pour George (2020), la planification stratégique reste l'approche dominante dans la formulation des stratégies à tous les niveaux du gouvernement et le plan stratégique est le résultat de ce processus d'approche. Plant (2009) affirme que la planification stratégique est considérée par beaucoup comme un exercice complexe et très chronophage, dont la finalité est de produire un plan stratégique pouvant présenter la vision de l'organisation pour l'avenir. Il ajoute également que des documents comme ceux-ci ont tendance à échouer en raison de l'incapacité des institutions à tenir à jour le plan stratégique.

Dans l'administration publique portugaise, la préparation du plan stratégique n'est pas obligatoire pour les organisations. Toutefois, ces dernières sont invitées à présenter leurs orientations stratégiques au niveau du plan de travail et du budget annuel et, ce, dans le cadre de l'évaluation et de la responsabilisation, qui font l'objet du système intégré de gestion et d'évaluation de la performance en place dans l'administration publique (SIADAP). Selon Caldeira (2015), certaines organisations publiques établissent désormais des plans stratégiques. L'auteur estime que la préparation d'un plan stratégique est de plus en plus courante, ce qui peut être considéré comme un signe de la pertinence d'un tel document, non seulement pour une gestion plus professionnelle, mais aussi pour augmenter le niveau de transparence, bien qu'une telle procédure soit facultative.

La résolution n° 34/87 du Conseil des ministres, du 8 juillet, et le décret-loi n° 155/92, du 28 juillet, ont rendu obligatoire l'élaboration de plans de travail annuels par les organismes de l'administration publique. Toutefois, bien que la majorité des organisations respectent cela, il y avait encore un nombre important d'organisations qui n'adhéraient pas à cette pratique, ce qui traduisait un non-respect de la loi et identifiait, également, des pratiques de gestion déficientes face à leur mission publique. Le décret-loi n° 183/96 du 27 septembre renforce l'obligation de préparer ce document et présente les principes à suivre lors de la préparation du plan de travail et du budget annuels des services et organismes de l'administration publique. La structure de base du document a été définie et les points à y inclure ont été identifiés : 1) objectifs à atteindre, 2) programmes à mettre en œuvre, 3) ressources à mettre en place. Cela renforce le caractère obligatoire de son élaboration par tous les services et organismes de l'administration publique centrale et par les établissements publics de services personnalisés et les fonds publics. Le document établit également qu'après l'approbation du plan de travail et du budget annuels, l'organisation doit le mettre à la disposition de tout son personnel, ainsi que de toutes les parties prenantes potentielles. Sa divulgation aux utilisateurs des services des organismes est jugée comme fondamentale afin de renforcer les liens entre la société et l'administration publique.

La loi n° 66-B/2007 du 28 décembre a institué le système intégré de gestion et d'évaluation des performances dans l'administration publique (SIADAP), qui vise à améliorer la performance et la qualité du service de l'administration publique. Le sous-système d'évaluation de la performance dans les services de l'administration publique (SIADAP 1) est basé sur le cadre d'évaluation et de responsabilisation, qui fait partie du cycle de gestion annuel et présente la mission de l'organisation, ses objectifs stratégiques, ses objectifs opérationnels annuels, les indicateurs de performance, les sources de vérification des indicateurs et les ressources disponibles. Tous les services doivent remettre leur proposition de cadre d'évaluation et de responsabilisation avant le 30 novembre en vue de sa postérieure validation par le ministère chargé de la planification, de la stratégie et de l'évaluation. Les membres du gouvernement doivent approuver les objectifs annuels proposés dans le cadre d'évaluation et de responsabilisation au plus tard le 15 décembre de chaque année. Ce document doit également être publié sur la page internet de l'organisme considéré.

RESULTATS ET DISCUSSION

L'annexe A indique les organisations et montre si les documents de planification ont été fournis ou non (pour rappel, la lettre « O » indique que le document préparé et mis à disposition, et la lettre « N » signifie que le document n'a pas été mis à disposition, alors que « na » signifie non applicable).

Les documents de planification doivent être préparés l'année précédant celle où ils doivent être appliqués. Cela se fait normalement au cours du dernier semestre. L'analyse des résultats a mis en évidence trois situations possibles : 1) celle des organismes ayant interrompu la préparation/partage – c'est-à-dire dans les situations où il n'y a pas eu de publication de documents de planification en 2021, contrairement à 2020 ; ces organismes sont au total de six 2) trois organismes qui n'ont pas préparé/partagé des documents de planification en 2021 comme en 2020, année durant laquelle ils ne les avaient pas partagés 3) des organismes ayant des antécédents dites de paralysie, où aucun document de planification n'a été publié entre 2019 et 2020 et qui sont également au nombre de trois.

Vus dans le détail, les six organismes qui ont cessé de préparer/partager des documents de planification sont les suivants (arrêt de la publication du plan stratégique et du plan de travail et du budget annuel en 2021) :

a) le Secrétariat général de l'économie ;

b) la Direction générale de la protection des consommateurs ;

c) le IAPMEI, I.P. - Agência para a Competitividade e Inovação, I.P. (agence pour la compétitivité et l'innovation) ;

d) l'Instituto Português de Acreditação, I.P. (homologation et conformité)

e) l'Autorité de gestion du programme opérationnel de compétitivité et de l'internationalisation ;

f) l'Organisme régional du tourisme de la région de Lisbonne.

Concernant les trois organisations qui, à l'image de l'année précédente (2020), n'ont pas préparé/partagé le plan de travail et le budget annuels en 2021, il s'agit :

a) du Bureau de la stratégie et des études ;

b) de la Confédération portugaise du tourisme (TCP) ;

c) de l'Institut financier de développement (IFD).

Finalement, il y a les trois organisations ayant des antécédents dites de paralysie concernant la publication et le partage des documents de planification depuis plusieurs années :

a) le Bureau de la stratégie et des études ;

b) l'Autorité de sécurité économique et alimentaire ;

c) l'Institut du tourisme du Portugal ;

Au total, neuf organisations ont été identifiées comme n'ayant pas publié leurs documents de planification en 2021. Une analyse du degré de conformité au cours des quatre dernières années (Figure 1) montre que seules quatre organisations ont été en mesure de se conformer pleinement à leurs obligations de publication. En supposant que la préparation et le partage du plan stratégique correspondent à de bonnes pratiques, tel que c'est démontré par plusieurs auteurs, et si la publication du plan stratégique est incluse dans les responsabilités des organisations, on constate, par ailleurs, qu'aucun des organismes sous la tutelle du METD ne s'est conformé à l'impératif du partage au cours de la période 2018-2021.

Figure 1. Degré de respect des obligations de publication des documents de planification

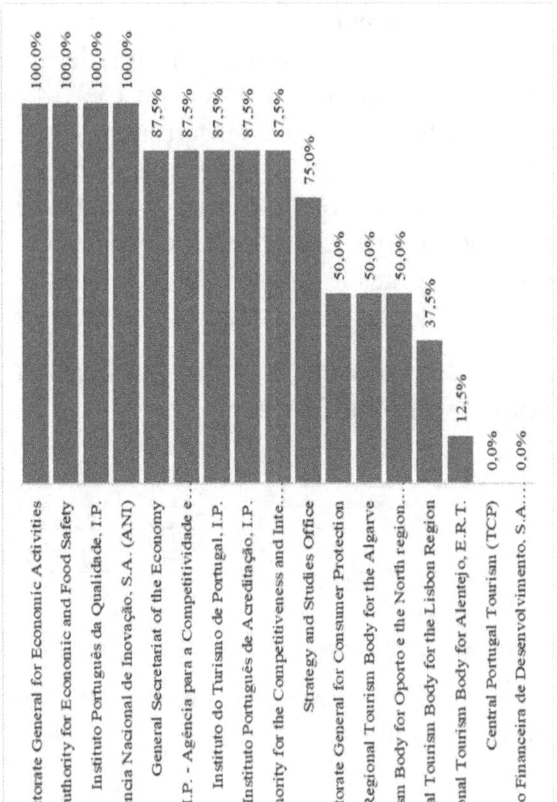

Source : propre, adaptée à partir des pages Web des organisme

Une analyse du tableau 2, ci-dessous, montre une augmentation du nombre d'organismes qui n'ont pas publié leurs documents de planification en 2021. Le document qui enregistre le taux de publication le plus faible est le plan stratégique, ce qui pourrait s'expliquer par le fait que sa préparation n'est pas obligatoire, ou, encore, en raison d'un éventuel manque d'intérêt pour sa préparation dans un contexte de meilleures pratiques de gestion. En définitif, seuls trois organismes l'ont publié régulièrement. Le plan de travail et le budget annuels sont, pour leur part, publiés par la majorité des organisations, avec une moyenne de 13 à 14 organisations les ayant produits chaque année jusqu'en 2020. En 2021, seuls huit des 17 plans de travail et budgets annuels prévus avaient été publiés. La publication du cadre d'évaluation et de redevabilité correspond aux indices les plus élevés et ce document a été présenté par toutes les organisations en 2021.

Tableau 2. Constats sur la publication annuelle des documents de planification

	2018			2019			2020			2021		
	SP	PAAO	QUAR	SP	PAAO	QUAR	SP	PAAO	QUAR	SP	PAAO	QUAR
Total "Y"	3	14	8	2	14	9	3	13	9	2	8	10
Total "N"	14	3	2	15	3	1	14	4	1	15	9	0
Total par an	19			19			19			24		

SP : Plan stratégique
PAAO : Plan de travail annuel et budget
QUAR – Instrument d'évaluation de conformité

Source : Elaboration propre, adaptée à partir des pages Web des organismes considérés.

CONSIDERATIONS FINALES : MANQUES DE RESSOURCES OU DESINTERET STRATEGIQUE ?

La non-publication des plans stratégiques ne semble pas être influencée par les effets de la COVID-19, étant donné que les organisations ont maintenu le même faible niveau d'activité stratégique en matière de préparation et de publication des plans stratégiques depuis 2018.

Les causes pourraient être liées au manque de ressources en vue de son élaboration et de sa rédaction, ou, simplement, en raison d'un désintérêt stratégique. Bien que la planification stratégique soit considérée comme une pratique de l'administration publique, qui se consolide depuis les années 1990 et dont l'importance est reconnue par les principaux acteurs, les institutions du METN ne paraissent pas significativement intéressées par l'élaboration ou par le partage des documents de planification stratégique. Seules trois organisations semblent avoir mis en place cette pratique dans leurs processus de gestion durant la période de 2018 à 2021. Les conclusions au Portugal semblent contredire les affirmations de Caymaz *et al.* (2013) et Johnsen (2015) lorsqu'ils soulignent que, de nos jours, presque toutes les organisations du secteur public utilisent la planification stratégique comme outil d'amélioration de la performance.

UNE INERTIE OPERATIONNELLE CONJONCTURELLE OU STRUCTURELLE ?

L'augmentation du nombre d'organisations ne publiant pas leurs documents de planification en 2021, cessant leurs pratiques par rapport à 2020, semble dénoter une certaine inertie en termes de planification opérationnelle et qui pourrait être causée par l'impact perturbateur de la pandémie de la COVID-19. Cependant, cette conclusion nécessite encore une analyse plus approfondie car il pourrait y avoir des facteurs explicatifs additionnels autres que la COVID-19 et qui n'ont pas pu être identifiés à partir des informations disponibles. Pour mesurer avec précision si les responsabilités de planification stratégique et opérationnelle sont respectées, tant par les organismes qui doivent préparer les documents respectifs que par les organismes qui les valident, ainsi que par le ministère qui les approuve, il serait important que tous ces documents soient disponibles sur les sites Internet des entités considérées, en identifiant successivement les dates de : 1) préparation, 2) révision, 3) validation, 4) approbation, 5) publication. La première date montre la capacité de l'organisme à se conformer à sa responsabilité. La deuxième indique la mesure dans laquelle l'organisme met à jour ses documents, en les gardant actifs. Pour sa part, la troisième fait référence à la capacité de l'organe de contrôle à valider en temps utile la qualité des documents, alors que la quatrième date indique la capacité réactive du ministère en matière d'approbation des documents. La cinquième confirme le respect ou non du délai de publication. Le niveau actuel de transparence de ce type d'informations compromet toute tentative d'évaluer le degré du respect des obligations par toutes les parties concernées. L'indication des dates permettrait également de comprendre l'efficacité procédurale des organismes concernés, ainsi que les raisons du retard dans la publication.

En cas de retard dans la publication des documents, les organismes doivent présenter les raisons du non-respect de leurs obligations de planification et de transparence sur leurs pages web. Quant aux autorités de régulation, elles devraient également partager les documents des organismes et identifier ceux qui n'ont pas été présentés. Ce n'est qu'en rendant ce type d'information disponible, qu'il sera possible de déterminer avec précision toute inertie au niveau de la planification stratégique et opérationnelle dans les organismes relevant de l'administration publique. Sans une détermination précise des causes, il sera difficile d'ajuster et de mettre en place un processus de planification réellement efficace pour le respect de la mission publique de ces organismes.

L'inertie de la planification semble avoir toujours existé, peut-être en raison de l'effet de l'environnement VUCA, déjà réel, sachant que la pandémie de la COVID-19 n'a peut-être fait qu'amplifier la portée des entraves à la planification. Il n'en demeure pas moins que parmi les composantes de l'environnement VUCA (volatilité, incertitude, complexité et ambiguïté) il reste à identifier celles qui ont pu avoir un rôle prépondérant dans l'effet dit paralysant sur le processus de planification.

Les prolongements futurs

Le METN ne représente qu'une partie de l'administration publique portugaise ; il est donc important de comprendre comment les pratiques de planification sont respectées dans les autres ministères. Saisir les causes internes et externes qui pourraient affecter le respect des obligations de planification pourrait aider à comprendre plus précisément la dimension de tout effet d'inertie, ainsi qu'à en retracer les raisons potentielles et, par conséquent, pouvoir en minimiser l'effet.

Les limites

Certaines situations peuvent limiter les conclusions de cette étude :

a) les retards dans la publication qui pourraient être causés par les différentes parties prenantes au processus ;

b) les organismes dont les documents de planification publiés n'ont pas été mis à jour en raison du contexte pandémique et qui, par conséquent, sont devenus obsolètes, bien qu'ils soient partagés sur les sites internet institutionnels, reflétant cet effet d'inertie au niveau de la planification ;

c) des organisations qui disposent de documents préparés et/ou en cours de préparation, mais qui ne sont pas publiés.

#	Organizations	2018			2019			2020			2021			[1]	[2]
		SP	PAAO	QUAR	SP	PAAO	QUAR	SP	PAAO	QUAR	SP	PAAO	QUAR		
1	General Secretariat of the Economy	Y	Y	Y	Y	Y	Y	Y	Y	Y	N	N	Y	1	0
2	Strategy and Studies Office	N	Y	Y	N	Y	Y	N	N	Y	N	N	Y	0	1
3	Directorate General for Economic Activities	N	Y	Y	N	Y	Y	N	Y	Y	N	Y	Y	0	0
4	Directorate General for Consumer Protection	N	Y	N	N	Y	N	N	Y	N	N	N	Y	1	0
5	Authority for Economic and Food Safety	Y	Y	Y	N	Y	Y	Y	Y	Y	Y	Y	Y	0	1
6	IAPMEI, I.P. - Agência para a Competitividade e Inovação, I.P.	N	Y	Y	N	Y	Y	N	Y	Y	N	N	Y	1	0
7	Instituto do Turismo de Portugal, I.P.	N	Y	N	N	Y	Y	N	Y	Y	N	Y	Y	0	1
8	Instituto Português da Qualidade, I.P.	N	Y	Y	N	Y	Y	N	Y	Y	N	Y	Y	0	0
9	Instituto Português de Acreditação, I.P.	N	Y	Y	N	Y	Y	N	Y	Y	N	N	Y	1	0
10	Managing Authority for the Competitiveness and Inte. Op. Program I.P.	N	Y	Y	N	Y	Y	N	Y	Y	N	N	Y	1	0
11	National Council for Entrepreneurs and Innovation	na	na	na	na	na	na	na	na	na	na	na	na	na	na
12	Investor Support Standing Committee	na	na	na	na	na	na	na	na	na	na	na	na	na	na
13	Regional Tourism Body for the Lisbon Region	N	Y	na	N	Y	na	N	Y	na	N	N	na	1	0
14	Regional Tourism Body for the Algarve	N	Y	na	N	Y	na	N	Y	na	N	Y	na	0	0
15	Central Portugal Tourism (TCP)	N	N	na	N	N	na	N	N	na	N	N	na	0	0
16	Regional Tourism Body for Alentejo, E.R.T.	Y	N	na	Y	N	na	Y	N	na	Y	Y	na	0	0
17	Regional Tourism Body for Oporto e the North region, E.R. (TPNP, E.R.)	N	Y	na	N	Y	na	N	Y	na	N	Y	na	0	0
18	National Digital Skills Initiative e.2030	na	na	na	na	na	na	na	na	na	na	na	na	na	na
19	ANI - Agência Nacional de Inovação, S.A. (ANI)	N	Y	na	N	Y	na	N	Y	na	N	Y	na	0	0
20	IFD - Instituição Financeira de Desenvolvimento, S.A. (IFD)	N	N	na	N	N	na	N	N	na	N	N	na	0	0

[1] Inertie (paralysie potentielle)
[2] Histoire de l'inertie (ou de la paralysie)
Discontinuité de la préparation et du partage
Non publié, mais sans discontinuité
Histoire de l'inertie (ou de la paralysie)

SP- Plan stratégique
PAAO – Plan de travail annuel et budget
QUAR - Cadre d'évaluation et de responsabilisation
Y - document préparé et mis à disp N - document non mis à disposition ;NA - Non applicable

Annexe A - Instruments fournis sur les pages Web des organisations (20/03/2021)
Source: Elaboration Propre

RÉFERENCES

Ansell C., Sørensen E., Torfing J. (2020), "The COVID-19 pandemic as a game changer for public administration and leadership? The need for robust governance responses to turbulent problems", *Public Management Review*, 00(00), p. 1-12,<https://doi.org/10.1080/14719037.2020.1820272>

Ansoff H. I. *et al.* (2018), *Implanting strategic management*, 3rd edition, New York, Springer, 592 p.

Baaij M. and Reinmoeller P. (2018), "Looking Ahead: Developing Strategies for Anticipating Your Future", in Marc Baaij and Patrick Reinmoeller, *Mapping a Winning Strategy: Developing and Executing a Successful Strategy in Turbulent Markets*, Emerald Publishing Limited, Bingley, p. 173-204,<https://doi.org/10.1108/978-1-78756-129-820181012>

Bennett N., Lemoine G. J. (2014), "What a difference a word makes: Understanding threats to performance in a VUCA world", *Business Horizons*, 57(3), p. 311-317, <https://doi.org/10.1016/j.bushor.2014.01.001>

Bensley J. (2020), "COVID-19: A Salutary Experience of VUCA", *QUETex Blog*, August 10, <https://blogs.qut.edu.au/qutex/2020/08/10/covid-19-a-salutary-experience-of-vuca/>

Bowman E.H., Singh H. and Thomas H. (2002), "The domain of strategic management: history and evolution", in Pettigrew A., Thomas H. and Whittington R. (eds), *Handbook of Strategy and Management*, London, Sage.

Bracker J. (1980), "The Historical Development of the Strategic Management Concept", *Academy of Management Review,* Vol. 5, Issue 2, p. 219-224,< https://doi.org/10.5465/amr.1980.4288731>

Bryson John M. (2018), *Strategic Planning for Public and Nonprofit Organizations: A Guide to Strengthening and Sustaining Organizational Achievement*, John Wiley & Sons, 544 p.

Bryson John M. (2010), "The future of public and nonprofit strategic planning in the United States", *Public Administration Review,* 70 (SUPPL. 1), s255–s267, <https://doi.org/10.1111/j.1540-6210.2010.02285.x>

Caldeira J., (2015), *Guidelines para a elaboração do plano estratégico - Boas práticas no setor público,* Estratégia Elementar books.

Carracedo P., Puertas Medina R. & and Luisa Martí. (2020), "Research lines on the impact of the COVID-19 pandemic on business. A text mining analysis", *Journal of Business Research*, Vol. 132, Issue C, p. 586-593, <https://doi.org/10.1016/j.jbusres.2020.11.043>

Caymaz E., Akyon F. V. and Erenel F. (2013), "An Exploratory Research on Strategic Planning in Public Institutions: Turkish Prime Ministry Disaster and Emergency Management Presidency Case", *Procedia - Social and Behavioral Sciences*, Vol. 99, p. 189-195, <https://doi.org/10.1016/j.sbspro.2013.10.485>

David F. R. (2011), *Strategic Management: Concepts*, 13th Edition. Pearson Education, 705 p.

David J. T., Rumelt R., Dosi G., Winter S. (1994), "Understanding corporate coherence: Theory and evidence, *Journal of Economic Behavior & Organization*, Volume 23, Issue 1, p. 1-30, <https://doi.org/10.1016/0167-2681(94)90094-9>

Direção Geral de Saúde (DGS) (2020), "Covid-19", <https://covid19.min-saude.pt/>

Duan H., Bao Q., Tian K., Wang S., Yang C., Cai Z. (2021), "The hit of the novel coronavirus outbreak to China's economy, *China Economic Review,* Vol. 67 (June), <https://doi.org/10.1016/j.chieco.2021.101606>

Froholdt Morton (2014), "Strategic management at the national government level in Denmark", in Paul Joyce & Anne Drumaux (eds), *Strategic Management in Public Organizations. European Practices and Perspectives*, Routledge Critical Studies in Public Management, Routledge, p.11-23.

Furrer O., Thomas H., Goussevskaia A. (2008), "The structure and evolution of the strategic management field: A content analysis of 26 years of strategic management research", *International Journal of Management Reviews*, Vol. 10, Issue 1, p. 1-23, <https://doi.org/10.1111/j.1468-2370.2007.00217.x>

George B. (2020), "Successful Strategic Plan Implementation in Public Organizations: Connecting People, Process, and Plan (3Ps)", *Public Administration Review*, Volume 81, Issue 4, p. 1-6, <https://doi.org/10.1111/puar.13187>

Giones F., Brem A., Berger A. (2019), "Strategic decisions in turbulent times: Lessons from the energy industry", *Business*

Horizons, Vol. 62, Issue 2, p. 215-225, <https://doi.org/10.1016/j.bushor.2018.11.003>

Giraudou A. and McLarney C. (2014), "Benefits and Challenges to Strategic Planning in Public Institutions", *SDMIMD Journal of Management*, Vol. 5, Issue 1, p. 3-13, <https://doi.org/10.18311/sdmimd/2014/2667>

Gomes P. (2021), "Financial and non-financial responses to the Covid-19 pandemic: insights from Portugal and lessons for future", *Public Money and Management*, 10 February, p. 1-3,<https://doi.org/10.1080/09540962.2021.1880059>

Grant R. M. (2020), *Contemporary Strategy Analysis*, 19th edition, John Wiley & Sons, 544 p.

Grant R. M. (2003), "Strategic planning in a turbulent environment: Evidence from the oil majors", *Strategic Management Journal,* Vol. 24, Issue 6, p. 491-517, <https://doi.org/10.1002/smj.314>

Hoskisson R. E. and Hitt M. a. (1999), "Theory and research in strategic management: Swings of a pendulum", *Journal of Management*, Vol. 25; Issue 3, p. 417-456, <http://jom.sagepub.com/content/25/3/417.short>

Johansen B. and Euchner J. (2013), Navigating the VUCA World, *Research-Technology Management*, Vol. 56, Issue 1, p. 10-15, <https://doi.org/10.5437/08956308x5601003>

Johns Hopkins Coronavirus Research Center (2021), "Coronavirus Outbreak Mapped", Retrieved March 18, 2021 from <https://coronavirus.jhu.edu/map.html>

Johnsen Å. (2015), "Strategic management thinking and practice in the public sector: A strategic planning for all seasons?", Financial Accountability and Management, Vol. 31, Issue 3, p. 243-268, <https://doi.org/10.1111/faam.12056>

Lawrence K. (2013), Developing Leaders in a VUCA Environment, UNC Executive Development, 15 p.,<https://www.emergingrnleader.com/wp-content/uploads/2013/02/developing-leaders-in-a-vuca-environment.pdf>

LoGiudice S. H., Liebhaber A., Schöder H. (2020) "Overcoming the COVID-19 crisis and planning for the future", *Journal of Nuclear Medicine*, 61(8), p. 1096–1101, https://doi.org/10.2967/jnumed.120.250522

Martin R., Lang N., Philipp C.-S. (2020), "Lead Your Business Through the Coronavirus Crisis", *Harvard Business Review*, 23, p. 1-8, <https://hbr.org/2020/02/lead-your-business-through-the-coronavirus-crisis>

Mazzucato M. and Kattel R. (2020), COVID-19 and public-sector capacity, *Oxford Review of Economic Policy*, Vol. 36, p. S256–S269, <https://doi.org/10.1093/oxrep/graa031>

METD (2021), "Countering misinformation about COVID-19", Retrieved 20 May, 2021 from <https://www.portugal.gov.pt/pt/gc22/area-de-governo/economia-transicao-digital/acerca>

Millar C. C. J. M., Groth, O., Mahon J. F. (2018), "Management innovation in a VUCA world: Challenges and recommendations", *California Management Review*, Vol. 61, Issue 1, p. 5-14, <https://doi.org/10.1177/0008125618805111>

Mintzberg H. (1994)," Rethinking Strategic Planning Part I: Pitfalls and Fallacies", *Long Range Planning*, Vol. 27, Issue 3, p. 12-21, <https://doi.org/10.1016/0024-6301(94)90185-6>

Mišanková M., Kočišová K. (2014), "Strategic Implementation as a Part of Strategic Management", *Procedia - Social and Behavioral Sciences*, 110, p. 861-870, <https://doi.org/10.1016/j.sbspro.2013.12.931>

Murugan S., Rajavel S., Aggarwal A. K., Singh A. (2020), "Volatility, Uncertainty, Complexity and Ambiguity (VUCA) in Context of the COVID-19 Pandemic: Challenges and Way Forward", *International Journal of Health Systems and Implementation Research*, Vol. 4, Issue 2, p. 10-16.

Nangia M., Mohsin F. (2020), "Identifying VUCA factors in a pandemic era - A framework focused on Indian IT industry", *Journal of Critical Reviews*, Vol. 7, Issue 7, p. 931-936, <https://doi.org/10.31838/jcr.07.07.169>

Nicola M., Alsafi Z., Sohrabi C., Kerwan A., Al-Jabir A., Iosifidis C., Agha M., & Agha R. (2020), "The socio-economic implications of the coronavirus pandemic (COVID-19): A review", *International Journal of Surgery,* Vol. 78, April, p. 185-193, <https://doi.org/10.1016/j.ijsu.2020.04.018>

OECD (2020), *Initial budget and public management responses to the coronavirus (Covid-19) pandemic in OECD countries*, April,

<http://www.oecd.org/gov/budgeting/initial-budget-and-publicmanagement-responses-to-covid19-in-oecd-countries.pdf>

Oliveira M., Fernandes C. (2020), "Managing the Coronavirus Pandemic in Portugal: A Step-by-Step Adjustment of Health and Social Services", *Psychological Trauma*, Vol. 12, Issue 5, p. 536-538, <https://doi.org/10.1037/tra0000879>

Ozili Peterson K and Arun Thankom (2020), *Spillover of COVID-19: Impact on the Global Economy*, Available at SSRN, 29 p.,<https://ssrn.com/abstract=3562570 or http://dx.doi.org/10.2139/ssrn.356250>

Plant T. (2009) "Holistic strategic planning in the public sector", *Performance Improvement*, Vol. 48, Issue 2, p. 38-43, <https://doi.org/10.1002/pfi.20052>

Poister T. H. (2010), "The future of strategic planning in the public sector: Linking strategic management and performance", *Public Administration Review*, Vol. 70, Issue s1, p. s246-s254, <https://doi.org/10.1111/j.1540-6210.2010.02284.x>

Ricoca V., Vieira A., Aguiar P., Carvalho C. (2020), "Rapid assessment of the impact of 'lockdown'on the COVID-19 epidemic in Portugal", *medRxiv*, Public Health Research Center, National School of Public Health, <https://www.medrxiv.org/content/10.1101/2020.05.26.20098244v >

Taleb N. N. (2007), "*The Black Swan: The Impact of the Highly Improbable*", Random House Publishing Group, 480 p.

Thorén K., Vendel M. (2019), "Backcasting as a strategic management tool for meeting VUCA challenges", *Journal of Strategy and Management*, Vol. 12, Issue 2, p. 298-312, <https://doi.org/10.1108/JSMA-10-2017-0072>

Weston M. J. (2020), "Strategic Planning in an Age of Uncertainty: Creating Clarity in Uncertain Time, *Nurse Leader*, Vol. 18, Issue 1, p. 54-58, <https://doi.org/10.1016/j.mnl.2019.11.009>

World Health Organisation. (2020). Countering misinformation about COVID-19. Retrieved 20 April 2021, <https://www.who.int/news-room/feature-stories/detail/countering-misinformation-about-covid 19>

World Health Organization (2020), *World Health Organization Coronavirus Update*, Retrieved 20 April 2021,

<https://www.who.int/emergencies/diseases/novel-coronavirus-2019/interactive-timeline#!>

Worley C. G. and Jules C. (2020), "COVID-19's Uncomfortable Revelations About Agile and Sustainable Organizations in a VUCA World", *Journal of Applied Behavioral Science*, Vol. 56, Issue 3, p. 279-283, <https://doi.org/10.1177/0021886320936263>

Yarger H. R. (2006), "Strategic theory for the 21st century: the little book on big strategy", <https://press.armywarcollege.edu/monographs/723/>

LÉGISLATION

Portugal, Law No. 66-B/2007, of December 28 - establishes the integrated management and performance assessment system in public administration

Portugal, Decree-Law No. 183/96, of September 27 - establishes the mandatory nature of the plan andactivity reports

Portugal, Decree-Law No. 169-B/2019, of December 3 - establishes the system for the organization and operation of the 22nd Constitutional Government

RECONNAITRE LES ATTITUDES DES MENAGES SLOVAQUES PENDANT LA PANDEMIE DE COVID-19 COMME BASE DES FUTURES HABITUDES D'ACHAT ET DE LA CONSOMMATION DURABLE

Kita, Pavol
Université d'économie, Bratislava
Zambochova, Marta
Université Purkyne, République tchèque
Strelinger, Jan
Université d'économie, Bratislava
Dano, Ferdinand
Université d'économie de Bratislava
Miroslava, Loydlova
Université d'économie de Bratislava

ABSTRACT

The outbreak of the pandemic SARS-CoV-2 was an exceptional situation which forced the majority of the households of the Slovak consumers to reconfigure their way of life and see their behaviour and purchasing habits from a new perspective. The aim of the article is to understand some opinions and attitudes of the households of the Slovak consumers in the sphere of socially responsible activities, behaviour and purchase during pandemic of the Covid 19 and to outline possible trends in these spheres which could remain stable in the era after covid. In the first part, we focus on the theoretical aspects of the issue. Due to multifaceted impact of the health and economic crisis, the empirical research carried out took into account concrete and selected household activities and individual respondents, as well as their general characteristics. In the article are used methods of logical deduction based on critical analysis of accessible secondary sources, statistical methods (factor analysis, KMO and Bartlett's Test, Varimax method, Scree plot, Two Step clustering method) and conclusions from the quantitative research. The aim of this article was also to propose elements of reflection for economic operators for the post-covid era.

RESUME

L'apparition de la pandémie de SRAS-CoV-2 a été une situation exceptionnelle qui a contraint la majorité des ménages slovaques à reconfigurer leur mode de vie et à envisager leur comportement et leurs habitudes d'achat sous un angle nouveau. L'objectif de cette contribution est de comprendre certaines opinions et attitudes des ménages et des consommateurs slovaques dans le domaine des activités socialement responsables, dans celui du comportement et des achats durant la pandémie du Covid 19 et d'esquisser les tendances qui pourraient demeurer stables dans l'ère post-Covid. Dans la première partie, l'étude se concentre sur les aspects théoriques de la question. En raison de l'impact multiforme de la crise économique et sanitaire, la recherche empirique qui a été menée a pris en compte des activités concrètes et sélectionnées, aussi bien au niveau des ménages, qu'à celui des répondants individuels et de leurs profils respectifs. L'approche utilise des méthodes de déduction logique basées sur l'analyse critique des sources secondaires accessibles, des méthodes statistiques (l'analyse factorielle, KMO, le test de Bartlett, la méthode Varimax, Scree plot, la méthode de clusters en deux étapes) et des conclusions issues de la recherche quantitative. L'objectif était également celui de proposer des éléments de réflexion aux opérateurs économiques pour l'ère post-Covid.

Keywords: **Changes in purchasing habits, Evolution of consumption towards existence trends, Slovakia**

Mots clés : **Changements des habitudes achat, Évolution de la consommation vers des tendances existantes, Slovaquie**

Classification JEL : **D1, I10, M20, M30**

Introduction

Les événements de l'année 2020, année de la pandémie Covid-19, ont changé le mode de fonctionnement des économies non seulement en Slovaquie, mais aussi dans reste du monde, englobant aussi bien les communautés urbaines et rurales que les ménages. Par conséquent, une nouvelle normalité s'est créée. La pandémie a influencé la pensée et le mode de vie de chaque individu, ainsi que son comportement, en raison des expériences induite par la Covid - 19 (Butul *et al.,* 2020, p. 54). Cette nouvelle réalité qui a induit une crise économique et financière, en plus des caractéristiques générales propres à toute crise (Van Laethem *et al.*, 2008, p. 232), comprenait également les particularités inhérentes à une crise sanitaire : durabilité, propagation du virus, taux de mortalité élevé, surcharge du système de santé, couvre-feu, confinement partiel ou total, etc. (Seema *et al.,* 2020, p. 291). La propagation rapide du virus Covid-19 a conduit à la diminution des activités économiques et à la restriction des contacts sociaux, ce qui a influencé non seulement la production et le commerce, mais aussi le comportement des consommateurs. C'est pourquoi il est nécessaire de connaître leur point de vue à propos la relation entre la dévastation de l'environnement et l'émergence d'une pandémie de Covid-19, ainsi que leur attitude vis à vis de certains aspects de la consommation durable. Sur ce dernier aspect, on a voulu savoir comment leurs attitudes et leurs habitudes ont changé à l'issue de la pandémie.

L'étude a comme point de départ la question de recherche suivante : comment la pandémie et la réalité économique affectent-elles les attitudes des ménages et des consommateurs dans les zones étudiées ? Pour chaque entreprise, il est important de connaître les opinions et les attitudes des consommateurs pendant la pandémie de Covid-19, ce qui aiderait les organisations à concevoir efficacement leurs campagnes, l'objectif étant de sensibiliser les ménages et les consommateurs individuels et de promouvoir la consommation durable. Le cadre conceptuel de l'article explique certains volets du comportement des ménages dans un contexte de crise sanitaire et économique. Les résultats de la recherche offrent non seulement des informations sur les changements d'attitude des consommateurs dans les domaines étudiés (consommation propre, mode de vie), mais ils décrivent également les tendances de l'ère Covid-19.

Le cadre conceptuel

Les effets de la crise économique et sanitaire, à laquelle sont exposés les ménages et les consommateurs individuels au cours du processus décisionnel, affectent leurs attitudes en matière de consommation, de comportement et d'achat avec une intensité différente et font observer des résultats différents. Maciejewski *et al.* (2020, p. 31-32) soulignent plusieurs facteurs internes et externes qui influencent les attitudes des consommateurs dans le domaine des activités socialement responsables. Par conséquent, leur comportement et leurs achats pendant la crise de la Covid-19 doivent être pris en considération (Hroncová, 2011, p. 125). En plus de la baisse du pouvoir d'achat, la circulation des personnes a été restreinte, certaines activités économiques ont été fermées et plusieurs entreprises ont fait faillite (Borsellino *et al.*, 2020, p. 1). D'autres facteurs ont limité les intentions d'acheter de la population. Il s'agit particulièrement de la bouche à oreille électronique, des recommandations des proches, des interdictions émises par les institutions liées à la pandémie, de l'état émotionnel des consommateurs ou, encore, de l'effet des informations diffusées par les médias au sujet des effets négatifs de la crise économique et sanitaire (Kita *et al.,* 2020a, p.197-212). Les facteurs susmentionnés sont liés à la réalité selon laquelle la crise s'accompagne souvent d'effets psychologiques qui se reflètent sur les habitudes de consommation et d'achat du consommateur, en l'influençant dans une large mesure. La prise de conscience de la crise économique et sanitaire, soutenue par l'influence des informations diffusées par les médias, a suscité chez les consommateurs un sentiment d'incertitude accrue et les a obligés à être attentifs à leurs dépenses, tout en les orientant vers des comportements fréquemment contraires à la situation normale (par exemple, l'augmentation excessive des achats de denrées alimentaires au début la Covid-19, particulièrement pendant la dernière semaine de février 2020 en Slovaquie), ou des tendances liées à la peur du coronavirus (achat d'aliments sains dans le but de renforcer le système immunitaire, désinfection des mains, port de masques et respect de la distance de deux mètres prescrite entre les acheteurs dans le magasin, etc.). Simultanément, les consommateurs se sont montrés de plus en plus mécontents face à l'instauration de l'état d'urgence et du confinement, surtout lorsqu'ils réfléchissaient à ce que la situation actuelle signifiait pour eux, pour leur famille, leurs amis et pour la société dans son ensemble. Ils éprouvaient, en effet, un sentiment d'insécurité quant à la durée de la crise et à ses conséquences sur l'économie (McKinsey, 2020). Les consommateurs semblaient davantage préoccupés par les effets économiques de la Covid-19 que par ses conséquences sur leur santé (Fetzler *et al.*, 2020, p. 1-36). Dans ces conditions, la crise semblait produire un effet réel et significatif sur les dépenses de consommation, particulièrement lorsque la mise en quarantaine et ses conséquences sur l'activité économique étaient prises en compte.

HYPOTHESES CONCEPTUELLES ET METHODOLOGIQUES DE LA RECHERCHE EMPIRIQUE

À l'issue d'une exposition à un environnement nouveau généré par la pandémie, la Covid-19 a accéléré les changements du comportement et des habitudes. Les recherches montrent qu'il faut entre 18 et 254 jours pour développer une nouvelle habitude (Lally *et al.,* 2009, p. 998-1009) et 66 jours en moyenne (Gardner *et al*., 2012, p. 664-666). Cela dépend des facteurs tels que les prédispositions génétiques, les processus mentaux comme l'esprit, les émotions et autres (Chmelarova, Sawicki, Kovac, 2010, p. 6). Les consommateurs ont eu le temps de remettre en question leur consommation et de trouver d'autres modes de consommation, de comportements et d'habitudes d'achat (Sheth, 2020, p. 280-283). La recherche empirique vise à connaître les attitudes des ménages slovaques en matière d'activités, de comportements, d'habitudes d'achat et de prise de décision socialement responsables, ainsi que les opinions des personnes interrogées sur la détérioration de l'environnement et l'émergence de la pandémie. Au plus fort de la deuxième vague, entre février et la mi-mars 2021, pendant laquelle une étude empirique a été menée, la Slovaquie était en tête du classement mondial en termes de nombre de victimes de la Covid-19. Cela signifie que c'est en Slovaquie qu'il y a eu le plus de décès par rapport à la taille du pays (Oxford Martin School GSDL, 2021). Au cours de cette période, plus précisément le 6 mars 2021, une année s'était écoulée depuis que la première personne avait été infectée par le coronavirus en Slovaquie. Au même moment, cette période était caractérisée par des événements tels que l'état d'urgence, le confinement, les tests dans toute la région, l'introduction de *l'automate Covid* et une crise politique qui pouvait affecter également les comportements et les habitudes des consommateurs. La Covid-19 a eu un impact sur la collecte des données à bien des égards. Par exemple, il n'a pas été possible de collecter des données sur la base d'un entretien individuel en présentiel. C'est pourquoi la recherche empirique a été menée sous la forme d'un entretien structuré en ligne, préalablement convenu avec chacune des personnes interrogées. Par ailleurs, il était nécessaire de saisir rapidement les changements dans le comportement des consommateurs et d'essayer de maintenir la période de la collecte. Les personnes interrogées devaient exprimer leur attitude à l'égard du phénomène étudié en se positionnant sur une échelle d'attitude à cinq niveaux (tableau 1). Cette échelle détermine non seulement le contenu de l'attitude, mais aussi sa force approximative (Kitová Mazalanová, 2019b, p. 59-75). C'est pourquoi elle est considérée comme un outil très utile pour la mesure.

Tableau 1. Échelle d'évaluation à cinq niveaux

1	2	3	4	5
Jamais	Presque jamais	De temps en temps	Presque toujours	Toujours

Source : propre

Sur l'échelle, on suppose qu'il existe une attitude neutre "de temps en temps", car l'influence de la crise est un phénomène personnel et relatif (Guerin, 2008, p. 109-133). L'enquête contenait également des questions relatives aux caractéristiques générales des ménages et des répondants, car les attitudes des consommateurs sont, en général, fortement influencées par l'éducation, l'âge, la situation financière des ménages, le lieu de résidence et le fait que la décision soit prise par un homme ou par une femme (Kitova-Mazalanova, 2019a, p. 35). Cinq cent trente-trois personnes ont participé à l'enquête sur une base d'accessibilité et de volontariat, dans le but d'obtenir les informations les plus exhaustives et les plus précises. Sur l'ensemble des personnes interrogées, 57,12 % étaient des femmes, alors que les hommes représentaient 42,88 %. La répartition des répondants par tranche d'âge est décrite dans le tableau 2.

Tableau 2. Répartition des effectifs par tranche d'âge

Tranche d'âge	Part en pourcentage
18 - 24 ans	23, 60
25 - 39 ans	26, 78
40 - 59 ans	31, 09
60 ans et plus	18, 54

Source : propre

Le groupe le plus important, parmi les personnes interrogées, est constitué par des individus résidant dans des localités urbaines qui comptent jusqu'à 50 000 habitants (tableau 3).

Tableau 3. Répartition des répondants par lieu de résidence

Taille des localités	Part en pourcentage
Village de moins de 5 0(habitants	27, 15
Ville jusqu'à 50 000 habitan	30, 71
Ville de 50 000 à 200 0(habitants	18, 35
Ville de plus de 200 0(habitants	23, 78

Source : propre

Concernant de la distribution du nombre d'individus par ménage ayant participé à l'enquête, les fréquences permettent de distinguer, respectivement, ceux qui comptent un membre (9,18 %), deux membres (23,22 %), trois membres (24,91 %), quatre membres (14,42 %), six membres (4,49 %), sept membres (1,31 %) ou, encore, huit membres (0,56 %).

Du point de vue de l'évaluation subjective de la situation financière, 2,06 % des ménages se trouvaient dans une très mauvaise situation financière, 11,98 % dans une mauvaise situation, 43,63 % dans une situation moyenne, 38,20 % dans une situation plutôt bonne, alors que 4,11 % seulement se considéraient être dans une très bonne situation financière. L'approche méthodologique de l'étude, basée sur des données quantitatives, permet de présenter des faits sur les changements d'attitude des consommateurs au cours de la période étudiée, ce qui peut conduire à un revirement par rapport à la période précédente. Sur cette base, il est possible de formuler des tendances de développement et des recommandations pour les professionnels de la distribution, étant donné que les entreprises doivent comprendre les réactions des consommateurs et construire des stratégies de marketing qui leurs soient appropriées. Ce travail a eu recours à quelques résultats dérivés d'observations provenant de la période immédiatement antérieure à la pandémie. On a eu également recours à des opinions de professionnels extraites d'ouvrages et de revues spécialisées. Le but recherché était de cerner certains changements par rapport à la période précédant la crise versus le comportement des consommateurs pendant la crise.

SAISIR LES ATTITUDES DES MENAGES SLOVAQUES PENDANT LA CRISE COVID-19 A PARTIR DES RESULTATS DE LA RECHERCHE

La crise économique et sanitaire était l'un des sujets de discussion les plus fréquents dans les années 2020 et 2021. Son déclenchement a contraint les consommateurs à modifier leur comportement en raison de la situation d'urgence mondiale. Un événement d'une telle ampleur a eu un effet sur la formation des opinions des consommateurs et la mise en œuvre de certaines activités sociales liées à la transition vers une consommation durable à travers les voies sociale, économiques et écologique. On s'est donc intéressé aux conséquences sur les changements de comportement, aux habitudes d'achat, ainsi qu'aux principales caractéristiques des personnes interrogées ayant eu des changements de comportement similaires à l'issue de la pandémie.

DOMAINE DES ACTIVITES DE CONSOMMATION SOCIALEMENT RESPONSABLES

La lutte contre les problèmes environnementaux et sociaux auxquels l'humanité est confrontée nécessite un changement du modèle de consommation. Le consommateur doit être socialement responsable. Celui-ci doit être conscient du fait que ses activités font partie aussi bien des causes que des solutions. Le soutien à ce nouveau modèle de consommation est également l'un des éléments clés de la politique économique de l'Union européenne, ce qui signifie non seulement un changement de comportement chez les producteurs et les hommes d'affaires, mais aussi chez les consommateurs. Face aux effets négatifs de la consommation sur la société, sur les problèmes sociaux et environnementaux, le consommateur socialement responsable semble convertir ses inquiétudes en comportement de consommation et en décisions d'achat. Les consommateurs peuvent montrer leur engagement social de différentes manières et n'accordent pas nécessairement la même attention à tous les types d'activités susceptibles de prouver leur engagement, lorsqu'ils prennent une décision d'achat. En d'autres termes, le comportement des consommateurs n'est pas homogène. On observe différents segments de consommateurs, non seulement en ce qui concerne leur niveau d'action et d'implication dans les questions sociales et environnementales, mais également en ce qui concerne les dimensions liées à la responsabilité sociale dont ces consommateurs tiennent compte. Pour accroître l'implication des ménages et des consommateurs dont les attitudes sont négatives ou neutres vis-à-vis d'une consommation durable, des campagnes d'information et de sensibilisation efficaces seraient toutefois nécessaires.

L'ASPECT SOCIAL

D'un point de vue social, les consommateurs socialement conscients sont ceux qui, lorsqu'ils prennent des décisions d'achat, tiennent compte non seulement de leur propre satisfaction, mais aussi de la responsabilité sociale. La crise a eu un impact négatif sur diverses formes d'engagement civique telles que : l'engagement dans une campagne d'aide sociale (14,23 % des répondants y ont participé activement), le bénévolat (18,16 % des répondants sont engagés dans le bénévolat), la protection de l'environnement (25,65 % des répondants participent activement à la protection de l'environnement), le travail dans des organisations soutenant le développement durable (9,55 % des répondants sont membres de ces organisations). Sur l'ensemble des personnes interrogées, 22,47 % soutiennent différentes organisations humanitaires par des dons financiers et 34,83 % font des offres régulières d'excédents à des organisations caritatives, alors que 34,63 % soutiennent les organisations caritatives qui offrent de l'aide.

L'apparition de la pandémie de la Covid 19 a ralenti le rythme et a changé la vie quotidienne de nombreux consommateurs, ce qui a eu une influence significative sur la communication avec leurs communautés. Plus que jamais et pour mieux répondre à l'isolement, les consommateurs ont adhéré à des technologies modernes et plus rapides. C'est le cas du commerce électronique et des magasins en ligne (70,04 % des personnes interrogées affirmaient acheter plus fréquemment en ligne) et la communication électronique

(84,65 % des interviewés ont répondu avoir exercé une activité à distance à l'aide de la technologie numérique). Tout cela s'est rapidement converti en norme. Il est possible d'affirmer qu'avec l'aide de la technologie moderne, la crise a eu davantage tendance à relier les gens plutôt que de les séparer. Globalement et par rapport au social, 30,15 % des personnes interrogées ont laissé entendre une position de neutralité, alors que 47,01 % ont manifesté une opinion plutôt négative. Il semble qu'une consommation socialement responsable soit davantage liée à des politiciens libéraux.

La nouvelle normalité dans laquelle vivent les citoyens slovaques a affecté leur façon de voir la vie et de se relationner avec les autres. Notons que 17,42 % des personnes interrogées se sentent mal à l'aise lorsqu'elles font des achats en sachant que d'autres sont dans le besoin. En revanche, 40,82 % affirment n'avoir ce sentiment que de temps à autre. À titre de comparaison, les citoyens américains sont beaucoup plus nombreux à "se sentir gênés" en faisant leurs courses, lorsqu'ils savent que d'autres n'ont rien. Le poids de ce critère est passé de 20 % avant la crise à 80 % pendant la crise en Californie. Pendant la crise en France, ce même poids, qui représentais 14 % avant la crise, est passé à 24 % (Pellat *et al.*, 2020, p. 251). La façon dont les personnes occupent leur temps a changé à la suite de la pandémie et des mesures sociales qui l'ont suivie. Il est probable que ces nouvelles habitudes se poursuivent également durant l'ère post-pandémique. Plus de la moitié des personnes interrogées prévoient de consacrer plus de temps aux loisirs dans la nature (54,49 %), alors que 43,32 % des personnes interrogées semblent préférer avoir leurs loisirs à domicile en compagnie de leurs familles. Le centre d'attention des consommateurs est constitué par la sphère des chefs de famille. On a observé que 56,55 % des personnes interrogées avaient tendance à réparer eux-mêmes leurs appareils électriques, leurs meubles, ainsi que d'autres objets en panne. Ceux qui préfèrent emprunter au lieu d'acheter représentent 34,83 % (par exemple, une perceuse, une machine à coudre, des skis, etc.). Pour 51,31 % des personnes de l'échantillon, le plus important est ce qui se passe au moment présent. En cas de pandémie, les résultats révèlent que 55,62 % des personnes interrogées étaient disposées à renoncer à certaines libertés civiles en se soumettant aux ordres des autorités étatiques. Durant la période, 88,20 % des personnes interrogées réduisaient aussi bien la fréquentation des institutions sportives et culturelles (cinéma, théâtre, concerts, stades, etc.), que celle des établissements de restauration (54,69 %). On peut supposer que l'augmentation de la fréquentation des événements sportifs et culturels après la pandémie soit explicable par le fait que 79,78 % des personnes interrogées souhaitent passer leur temps de manière active.

L'ASPECT ECONOMIQUE

Les ménages qui faisaient moins souvent leurs courses pendant le confinement représentaient 44,75 %, alors que 30,90 % exprimaient une attitude neutre vis-à-vis de l'intensité des achats. Cela s'explique également par le fait que durant la Covid-19, seuls les supermarchés commercialisant des produits alimentaires étaient ouverts. Près de 50,38 % des ménages ont réduit les dépenses les plus importantes (tels que l'achat de meubles, de gros appareils électroménagers et les appareils électroniques). La limitation du recours au financement externe et à l'endettement a concerné 53,74 % des ménages. Toutefois, 79,59 % continuaient à utiliser les cartes de crédit plus fréquemment. À hauteur de 69,66 %, les interviewés affirmaient faire davantage de choses par eux-mêmes (décoration, coiffure, soins cosmétiques, etc.). L'économie d'énergie électrique et du gaz ont intéressé 76,40 % des ménages contre 45,69 % seulement avant la pandémie (Kita, 2020b, p.162). Il en est de même pour les économies d'eau qui a concerné 73,03 % des ménages contre 49,67 % avant la pandémie (Kita, 2020b, p.162). L'achat de produits d'occasion, y compris les vêtements, a, pour sa part, concerné 23,79 % des ménages.

L'ASPECT ECOLOGIQUE

La pandémie est susceptible d'amener les ménages à accorder plus d'attention aux conséquences écologiques de leur comportement de consommation. Elle peut les pousser à réévaluer leur attitude vis-à-vis de la nature et à devenir plus responsables. À ce titre, 50,93 % des ménages semblent plus attentifs à la protection de l'environnement et 26,96 % ont installé des dispositifs écologiques à domicile (pompes à chaleur, panneaux solaires, équipement de traitement de l'eau, etc.). On a observé également que 79,21 % des ménages agissent de manière à ne pas polluer l'environnement et que 78,84 % des familles triaient les déchets et s'occupaient du recyclage alors qu'elles ne représentaient que 70,57 % avant la pandémie (Kita, 2020b, p. 162).

LES CHANGEMENTS DANS LE COMPORTEMENT DES CONSOMMATEURS

La promotion de la santé des consommateurs apparaît comme une stratégie de différenciation. Pour 88,76 % des ménages, l'hygiène et la santé personnelle sont devenues des priorités absolues, à un moment où 59,55 % se sentaient moins en sécurité à cause de la pandémie et 69,10 % se disaient plus fatigués et dépressifs. Les consommateurs ont meilleure conscience de ce qu'ils achètent. On a observé que 67,60 % des ménages achetaient de manière rationnelle pendant la pandémie, alors que la proportion de ceux qui achetaient de manière réfléchie avant la pandémie représentait 59,75 % (Kita, 2020b, p. 162). Les ménages qui soutiennent un mode de vie sain dans leur environnement (repos actif, alimentation saine, etc.) représentaient, pour leur part, 61,43 %. Sur l'ensemble des effectifs interrogés, 81,83 % estiment que les marques de biens de consommation devraient considérer la santé comme une priorité. À hauteur de 56,37 %, les ménages essayaient de ne pas gaspiller la nourriture on en jetant moins, contre 51,24 % avant la pandémie (Kita, 2020b, p. 162). Pour sa part, l'achat de biens et des services auprès d'entreprises respectueuses de l'environnement concerne 40,08 % des ménages. Finalement, 39,89 % des ménages achètent auprès des producteurs locaux et nationaux. Les marques devraient, par conséquent, tenir compte de cette tendance lors de la création de leur offre.

Les nouvelles habitudes d'achat

Au cours de la pandémie Covid-19, les clients ont préféré acheter les biens de première nécessité dans les grandes surfaces (45,50 % des ménages) plutôt que dans des magasins de détail proches de leur domicile (33,89 % des ménages). Pour 76,60 % des personnes interrogées, l'achat de biens d'équipement s'est plutôt effectué à travers les plateformes du commerce électronique en raison de la fermeture des magasins de détail vendant ce type de biens et de leur exclusion de l'offre des grandes surfaces. Pour l'achat des produits alimentaires, 46,07 % des ménages le faisaient en ligne, alors qu'ils n'étaient que 13,64 % avant les pandémies (Kita, 2020b, p.162). Le maintien de cette tendance pourrait avoir un impact à long terme sur l'équilibre entre les ventes en ligne et les ventes conventionnelles. Dans ces conditions, les détaillants doivent légitimement se demander si les clients reviendraient sporadiquement aux points de vente après la crise en raison de leurs nouvelles habitudes fondées sur le confort que représente l'achat à domicile grâce aux technologies numériques.

La vente de produits de première nécessité dans les unités de vente au détail exigeait des acheteurs qu'ils respectent les règles d'hygiène (désinfection des mains, port de masques) et 95,50 % des personnes interrogées disaient respecter ces mesures. Selon 61,42 % des personnes interrogées au sujet des points de vente au détail, il y avait une quantité suffisante de désinfectants, alors que 32,21 % affirmaient qu'il y avait un manque de gants jetables dans les magasins de produits alimentaires. Pour 48,13 % des personnes interviewées, tous les commerces, y compris les détaillants, devraient être soumis à une norme unique en ce qui concerne le respect des règles d'hygiène. Selon 48,50 % de l'échantillon, les files d'attente devant les caisses enregistreuses empêchaient le maintien de la distance de sécurité entre les clients dans le magasin. Toutefois, 69,29 % des personnes interrogées affirmaient maintenir une distance de deux mètres entre les individus. Selon 32,21 % des personnes, les files d'attente avant l'entrée dans le magasin duraient longtemps. En organisant leur magasin, les détaillants semblaient fournir aux clients une orientation et des informations appropriées. Dans les unités de vente au détail et selon 16,48 % des répondants, les étagères et les zones de circulation des clients étaient mal placées, ce qui prolongeait, selon eux, le temps des achats. Finalement, 27,71 % des personnes interrogées déclarent que les commerçants évitaient que les clients fassent leurs achats dans la précipitation, alors que 45,69 % adoptaient plutôt une position neutralité.

PRINCIPALES CARACTERISTIQUES DES PERSONNES INTERROGEES AFFICHANT DES CHANGEMENTS DE COMPORTEMENT SIMILAIRES EN RAISON DE LA PANDEMIE

Les répondants ont été segmentés en fonction de caractéristiques clés. En raison de la forte corrélation entre les facteurs contrôlés, nous avons d'abord utilisé l'analyse factorielle pour réduire la dimensionnalité. Les tests de KMO et de Bartlett (valeur $p < 0,01$) ont montré que la matrice de corrélation n'est pas une matrice d'identité et que l'utilisation de l'analyse factorielle était appropriée. La figure 1 présente un graphique qui montre que cinq facteurs ont été sélectionnés comme étant optimaux.

Figure 1. Scree plot

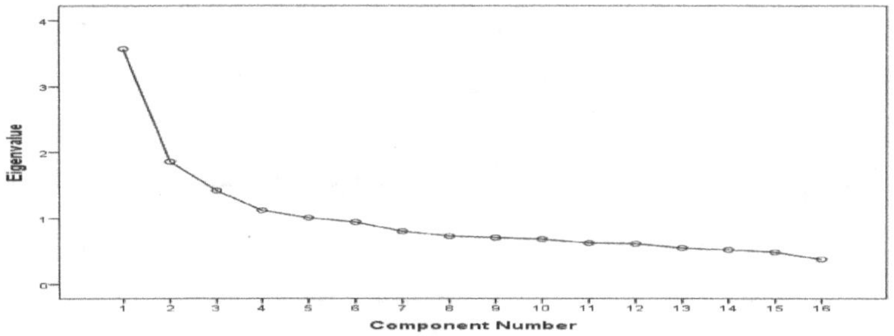

Source : propre

La rotation Varimax a été utilisée pour différencier les variables individuelles entrant dans l'analyse factorielle. Le tableau 4 énumère les variables individuelles entrant dans l'analyse factorielle et leur appartenance aux facteurs extraits. Le premier facteur est formé par des éléments que l'on pourrait interpréter comme "mode de vie durable" (Q 3.1, Q 3.2, Q 3.3), le deuxième facteur concerne la "gestion financière" (Q 3.6, Q 3.8, Q 3.9, Q 3.14), le troisième les "activités publiques" (Q 3.7, Q 3.10, Q 3.11), le quatrième l'"utilisation de moyens modernes" (Q 3.4, Q 3.13) et le cinquième les "sentiments subjectifs" (Q 3.5, Q 3.12).

Tableau 4. Variables de l'analyse factorielle soumises à une rotation : Matrice des composantes

		Composant				
		1	2	3	4	5
Q 3.1	Nous nous soucions davantage de la santé et de l'hygiène	,733	-,067	,143	,055	,146
Q 3.2	Nous accordons plus d'attention à la protection de l'environnement	,764	,283	-,005	,076	,092
Q 3.3	Nous utilisons plus souvent les cartes de paiement	,584	,097	,001	,480	,121
Q.3.4	Nous achetons plus souvent en ligne	,188	-,130	,004	,762	-,050
Q3.5	Nous nous sentons moins en sécurité	,217	-,080	,331	,084	,689
Q 3.6	Nous réduisons les dépenses importantes (par exemple pour le mobilier, les gros appareils électroménagers et l'électronique).	,136	,534	,229	-,197	,399
Q 3.7	Nous limitons les visites aux institutions culturelles (cinémas, théâtres, concerts, etc.).	,274	,014	,685	,011	-,045
Q 3.8	Nous limitons les prêts et les crédits	,098	,462	,391	-,166	-,148
Q 3.9	Nous empruntons les choses nécessaires plus souvent que nous ne les achetons (par exemple : perceuse, machine à coudre, vêtements, etc.)	,038	,746	,099	-,002	,166
Q 3.10	Nous utilisons moins souvent les services de restauration	-,102	,131	,639	,054	,023
Q 3.11	Nous achetons moins souvent	,037	,148	,693	,081	,126
Q 3.12	Nous soutenons dans une moindre mesure les organisations caritatives et les organisations d'aide.	,068	,376	-,122	-,025	,524
Q 3.13	Nous faisons de plus en plus de choses à distance, par téléphone ou par ordinateur	-,057	,017	,084	,787	,174
Q 3.14	Nous faisons plus de choses par nous-mêmes (par exemple, peindre une pièce, coiffure, soins esthétiques, etc.)	,121	,572	,147	,423	-,025
Q 3.15	Nous jetons moins de nourriture	,524	,510	,089	-,128	,163
Q 3.16	Nous nous sentons plus fatigués et déprimés	,099	,097	-,061	,122	,689

Note -a-Méthode d'extraction : Analyse en composantes principales.
Méthode de rotation : Varimax avec normalisation de Kaiser.

Source : propre

Chacune des variables originales peut être décrite comme une combinaison linéaire des facteurs nouvellement créés. Sur cette base, pour chaque mesure (de chaque répondant), cinq nouvelles valeurs sont créées, correspondant à l'affiliation aux variables nouvellement créées, qui, contrairement aux variables originales, ne sont que très peu corrélées. Nous avons utilisé ces nouvelles variables comme variables d'entrée pour la segmentation à l'aide de l'analyse en cluster (par grappe). En particulier, nous avons utilisé la méthode de regroupement en deux étapes. Cette méthode a montré la division optimale en quatre groupes.

Ensuite, nous avons classé l'appartenance des objets (c'est-à-dire des répondants individuels) dans des grappes individuelles à l'aide d'arbres de décision, selon les points de vue suivants :

Du point de vue de l'opinion (de deux manières) : sur la base de variables artificielles, c'est-à-dire de facteurs générés par l'analyse factorielle ; sur la base de variables explicatives (la mesure dans laquelle les familles des répondants ont modifié leur comportement en raison de la pandémie) ;

sur la base des informations démographiques contrôlées au sujet des répondants ;

sur la base des caractéristiques morales des répondants, présentées par des opinions subjectives sur la personne (volonté de renoncer aux libertés individuelles, conservatisme, priorité à la fonctionnalité plutôt qu'à l'apparence, respect des délais) ;

À tous les égards, les arbres de décision qui en résultent présentent les caractéristiques suivantes pour les quatre groupes les plus importants.

1ER CLUSTER

Des personnes âgées de plus de 60 ans ou de moins de 59 ans qui s'inquiètent de leur situation financière.

Des personnes qui sont prêtes à renoncer à certaines libertés pour le bien de la société et pour lesquelles l'apparence est plus importante que la fonctionnalité ; ce qui se passe, ici et maintenant, est important pour elles ; des personnes qui ne sont pas prêtes à renoncer à leurs libertés, qui aiment la nouveauté et prennent les délais très au sérieux ; des personnes qui ne sont pas prêtes à renoncer à leurs libertés, qui n'aiment pas la nouveauté, et qui ne prennent pas les délais très au sérieux.

Des personnes qui soutiennent moins les associations caritatives et réduisent les dépenses importantes.

2EME CLUSTER

Des personnes âgées de moins de 24 ans et des hommes âgés de 25 à 59 ans ; ces deux groupes ne se sentent pas préoccupés par leur situation financière.

Des personnes qui ne sont pas prêtes à renoncer à leurs libertés, qui aiment la nouveauté et qui ne prennent pas les délais très au sérieux.

Des personnes qui soutiennent moins les organisations caritatives et qui ne réduisent pas leurs dépenses les plus importantes ; des personnes qui ne soutiennent pas les organisations qui sont peu charitables, qui n'ont pas réduit leurs achats et qui se soucient davantage de l'environnement.

3EME CLUSTER

Des femmes âgées de 25 à 59 ans vivant dans des municipalités qui comptent jusqu'à 200 000 habitants et qui ne se sentent pas inquiétées par leur situation financière.

Des personnes qui sont prêtes à renoncer à certaines libertés pour le bien de la société et pour lesquelles la fonctionnalité est plus importante que l'apparence.

Des personnes qui ne soutiennent pas les organisations insuffisamment charitables, qui font moins d'achats et qui ne se préoccupent pas beaucoup de l'environnement ou des personnes similaires qui ne font pas moins d'achats, mais se sentent moins en sécurité.

4EME CLUSTER

Des femmes âgées de 25 à 59 ans vivant dans des municipalités de plus de 200 000 habitants qui ne se sentent pas bien en raison de leur situation financière.

Des personnes qui sont prêtes à renoncer à certaines de leurs libertés pour le bien de la société et pour lesquelles l'apparence est plus importante que la fonctionnalité et qui pensent à l'avenir ; des personnes qui ne sont pas prêtes à renoncer à leurs libertés, qui n'aiment pas la nouveauté et qui prennent les échéances très au sérieux.

Des personnes qui ne soutiennent pas des organisations considérées moins charitables, qui n'ont pas réduits leurs achats, qui ne pensent pas beaucoup à l'environnement et qui ne se sentent pas moins en sécurité.

On peut dire que les retraités et les personnes en âge de travailler, qui sont préoccupés par leur situation financière, ont réduit leur soutien aux organisations caritatives en raison de la pandémie et ont réduit leurs dépenses importantes. Il s'agit principalement de personnes prêtes à renoncer à certaines libertés pour le bien de la société, qui accordent plus d'importance à l'apparence qu'à la fonctionnalité et qui vivent au moment présent. Ils ont également créé des limites en termes de respect des délais et ont donné la priorité à la nouveauté.

Les personnes qui se considèrent en bonne santé financière, en particulier les jeunes de moins de 24 ans, mais aussi les hommes en âge de travailler, qui ont réduit leur soutien aux organisations caritatives en raison de la pandémie, mais qui n'ont pas réduit leurs dépenses les plus importantes et qui sont devenues plus attentives à l'environnement. Ces personnes se caractérisent par leur réticence à renoncer à leurs libertés, par leur préférence pour la nouveauté et par leur réticence à respecter des délais précis.

Les femmes en âge de travailler vivant dans des municipalités de moins de 200 000 habitants, qui ne se sentent pas concernées par leur situation financière, qui ont réduit leurs achats tout en maintenant leur soutien aux organisations caritatives en raison de la pandémie. En revanche, elles ne sont pas devenues plus soucieuses de l'environnement. Si certaines femmes n'ont pas montré ces changements, elles se sont montrées, par ailleurs, plus préoccupées par la sécurité. Ces femmes indiquent qu'elles sont prêtes à renoncer à certaines libertés et que, pour elles, la fonctionnalité était plus importante que l'apparence.

Les femmes en âge de travailler vivant dans les grandes villes de plus de 200 000 habitants, qui ne se sentent pas préoccupées par leur situation financière, qui n'ont pas trop changé leur comportement en raison de la pandémie, qui n’ont pas réduit leur soutien aux organisations caritatives, qui ne font pas moins d'achats, qui sont trop soucieuses de l'environnement et qui ne se sentent pas moins en sécurité. Ces femmes sont prêtes à renoncer à certaines de leurs libertés pour le bien de la société. Pour elles, l'apparence est plus importante que la fonctionnalité ; dans leur réflexion elles se concentrent plutôt sur l'avenir. Si certaines de ces femmes ne sont pas prêtes à renoncer à leurs libertés, elles n'aiment pas, par ailleurs, la nouveauté et prennent les délais très au sérieux.

CONCLUSION ET IMPLICATIONS MANAGERIALES

Dans l'ensemble, les données analysées confirment que l'apparition de la pandémie a affecté le comportement des consommateurs et a modifié la fréquence des principales pratiques de consommation et d’habitudes d'achat. Certains consommateurs tentent de trouver d'autres modes de consommation, alors que d'autres essaient de revenir à leurs habitudes de consommation et d'achat antérieures.

Ces changements se traduisent par une intensité variable en ce qui concerne la participation aux activités socialement responsables, l'achat de produits relevant de catégories concrètes, ou par leur exclusion de la consommation. Cette constatation est liée à la fermeture temporaire des centres sportifs, des centres de remise en forme, des cinémas, des théâtres, des salons de coiffure, des salons de beauté, etc. Ces résultats sont partiellement confirmés par d'autres recherches sur l'influence des pandémies sur les consommateurs et qui mettent l'accent sur la promotion du commerce électronique, sur la modification des habitudes de consommation et sur le changement des stratégies de marketing (Hongwei *et al.*, 2020, p. 176-182 ; Cambefort, 2020, p.1-11). Certains changements qui offrent des expériences positives dureront probablement plus longtemps en raison du caractère durable des pandémies, notamment en ce qui concerne le confort d'achat et de communication en ligne, la diversification des canaux d'achat, la sensibilisation accrue à la santé, la tendance à l'achat de produits auprès des producteurs locaux et l'achat de produits respectueux de l'environnement. Les entreprises ont donc une occasion pour adopter une responsabilité sociale, réelle et authentique, et qui soit capable de lever les défis mondiaux et sociaux les plus urgents. Les entreprises qui réussiront après la crise seront celles qui seront en mesure de s'adapter aux changements dynamiques du comportement des consommateurs et qui répondront à ce qui suit :

a) aux nouvelles approches des consommateurs et l'importance accrue des technologies numériques ;
b) à la communication marketing axée sur la santé ;
c) à la réévaluation des plans de marketing de crise et des plans de produits en fonction de nouvelles situations et de nouveaux aspects liés à l'image des produits ;
d) l'offre de produits innovants qui répondent aux besoins des consommateurs ;
e) la diversité des sources d'achat qui permet de développer des stratégies de marketing individualisées au détriment de la stratégie de marketing de masse ;

f) la réévaluation du portefeuille de fournisseurs ;
g) la redéfinition des plans d'affaires en les basant sur les données ;
h) la promotion de l'autosuffisance alimentaire et le développement de l'agriculture biologique.

Indépendamment des activités susmentionnées, les entreprises doivent formuler de nouvelles stratégies de marketing et tenir compte de leur impact sur le marketing mix de manière à assurer la continuité des activités et de permettre à leurs employés de gérer efficacement une crise de longue durée et de fidéliser durablement les clients durant l'ère de l'après-Covid 19.

Références

Ouvrages

Hroncová Ivana (2011), "Selected particularities of consumer behavior and economic crisis", "Zbornik vedeckych prac katedry ekonomie a ekonomiky" *ANNO,* Presov, Presovska univerzita, p. 124-132.

Kita Pavol, Zambochova Marta, Kitova Mazalanova Veronika, Kita Jaroslav (2020), *Model marketingovej komunikacie na zdravie orientovane nákupné správanie spotrebiteľov so zreteľom na postoje k spotrebe zdravých potravín,* Bratislava, GUPRESS, p. 231.

Kita Pavol, Žambochová Marta, Kita Jaroslav (2020), *Spotrebiteľské správanie slovenských domácností v oblasti vybraných druhov potravín v kontexte spoločensky zodpovednej spotreby,* Bratislava, UK, 195 p.

Kitova Mazalanova Veronika (2019a), *The learning and its impact in the process of transformation of informations,* Poblished in Modelové aspekty marketingovej komunikácie v kontexte na zdravie orientované nákupné správanie, Bratislava, Ekonóm, p. 27-41.

Kitova Mazalanova Veronika (2019b), *The influence of communication on formation of attitudes and their changes,* Poblished in Modelové aspekty marketingovej komunikácie v kontexte na zdravie orientované nákupné správanie, Bratislava, Ekonóm, p. 59-75.

Maciejewski Gregorz, Mokrysz Sylvia, Wróblewski Łukasz (2020), *Consumers towards marketing strategies of coffee producers,* Wageningen, Wageningen academic Publishers.

Pellat Ghislaine, Rauchweger Sara, Peyroux Catherine (2020), *La stratégie d'achat en période perturbée induite par le Covid -19. Etude comparé entre deux pays : France – USA/Californie*, in Ghislaine Pellat et Xavier Richet (dir.), L'Europe ses acteurs et leurs stratégies: Visions managériales croisées, Paris, L'Harmattan, 2021, p. 13-32.

Van Laethem Nathalie, Body Laurence (2008), *Le plan Marketing*, Paris, Dunod, p. 334.

Zuzana Chmelarova, Silvester Sawicki, Karol Kováč (2010), *Vybrané kapitoly z psychologie*, Trnava, MTF, p. 69.

Revues

Borsellino Valeria, Kaliji Ahmadi Sina, Schimmenti Emanuele (2020), "Covid-19 Drives consumer Behaviour and agro-food markets towards healthier and more sustainable Patterns", *Sustainability* Vol. 12, No 20, p. 1-26.

Butul Alina, Bruma Ioan Sebastian, Tanasa Lucian, Rodino Steliana, Vasiliu Codrin Dinu, Dobos Sebastian, Butul Marian (2020), "The Impact of COVID-19 Crisis upon the Consumer Buying Behavior of Fresh Vegetables Directly from Local Producers. Case Study: The Quarantined Areaof Suceava County, Romania", *International journal of environmental research and public*, Vol. 17, No 5, p. 54-85.

Cambefort Marine (2020), "How the Covid-19 pandemic is challenging consumtion ", *Markets globalization & Development Review*, Vol. 5, No 1, p. 1-11.

Fetzer Thiema, Hensel Lukas, Hermle Johannes, Roth CHristopher (2020), "Coronavirus Perceptions and Economic

Anxiety", *Review Economics Statistics*, Vol. 60, p. 1-36, <https://arxiv.org/pdf/2003.03848.pdf>

Gardner Benjamin, Lally Phillipa, Wardle Jane, (2012), "Making health habitual: the psychology of "habit formation" on general practice", *Brtitish Journal of General Practice*, Vol. 62, No 605, p. 664-666.

Guerin Marie (2008), *L'affect de crise : une nouvelle variable explicative des changements de comportement d'achat / consommation en situation de crise alimentaire*, Acte du congrès, Paris, Economica, p. 109-133, <Https://www.afm-marketing.org/en/system/files/publications/fichier_1910.pdf>

Hongwei He, Lloyd Haris (2020), "The impact of Covid 19 pandemic on comporate social responsability and marketing philosophy", *Journal of Business Research*, August, Vol. 116, p. 176-182.

Lally Phillipa, van Jaarsveld H. M., Potts Henry W. W., Wardle Jane, (2009), "How are habits formed: modeling habit formation in the real world", *European Journal of Social Psycholgy*, Vol. 40, No 6, p. 998-1009.

McKinsey & Company (2020), *Survey: European consumer sentiment during the coronavirus crisis* <https://www.mckinsey.com/business-functions/marketing-and-sales/our-insights/survey-european-consumer-sentiment-during-the-coronavirus-crisis>

Seema Mehta, Tanjul Saxena, Neetu Purohit (2020), "The New Consumer Behaviour Paradigm amid COVID-19: Permanent or Transient?", *Journal of Health*, Vol. 22, No 2, p. 291-301.

Sheth Jagdish (2020), "Impact of Covid 19 on consumer behavior: will the old habits return or die?" *Journal of Business Research*, Vol. 117, p. 280-283.

SITES INTERNET

Johns Hopkins University of Medicine, Coronavirus resource center, <https://coronavirus.jhu.edu/region/slovakia>

Our World in Data, *COVID-19 Data Explorer*, <https://ourworldindata.org/coronavirus-data explorer? zoomToSelection=true&minPopulationFilter=1000000&country=

USA~GBR~ITA~DEU~KOR~ZAF~BRA~SVK&region=World&deathsMetric=true&interval=smoothed&hideControls=true&perCapita=true&smoothing=7&pickerMetric=locationpickerSort=asc>

MODE DE FONCTIONNEMENT DES ENTREPRISES SOUS L'INFLUENCE DE LA PANDEMIE

Horehajova, Maria
Université Matej Bel, Banská Bystrica
Marasova, Jana
Université Matej Bel, Banská Bystrica

ABSTRACT

This chapter is one of those presenting the results of very recent studies relating to the pandemic period in the entrepreneurial environment. We analyse the difficulties of various degrees that companies have had in switching to a digital mode of operation and teleworking, as well as the lessons they draw for the future. This analysis is based on the one hand on our own survey of enterprises, and on the other hand on similar surveys that exist and are available on this subject. Apart from the level of the digital capacities of the employees who are of primary interest to us, including the threats of a digital divide, we also wonder about the impact that working remotely for several months can have on the performance of employees and consequently also on the performance of enterprises.

RESUME

Ce chapitre se range sur ceux qui présentent des résultats d'études toutes récentes relatives à la période pandémique dans le milieu entrepreneurial. Nous y analysons les difficultés plus ou moins importantes qu'ont eu les entreprises à passer à un mode de fonctionnement numérique et au télétravail, ainsi que les leçons que ces dernières en tirent par rapport à l'avenir. Cette analyse s'appuie d'une part sur notre propre enquête auprès des entreprises, et d'autre part sur les enquêtes similaires existantes et disponibles à ce sujet. En dehors du niveau des capacités numériques des employés qui nous intéressent prioritairement, y compris les menaces d'une fracture numérique, nous nous interrogeons également sur l'impact que le travail à distance, durant plusieurs mois, pourrait avoir sur la performance des employés et, par conséquent, sur celle de l'entreprise.

Keywords: **Pandemic, Telecommuting, Digital, Performance, Companies, Employees**

Mots-clés : **Pandémie, Télétravail, Numérique, Performance, Entreprise, Employés**

JEL Classification: **I10, M12, M15, M54, O32**

INTRODUCTION

Il y a environ deux ans, l'évolution des technologies d'information et de communication (TIC), déjà sans précédent, a été renforcée par l'éclatement de la crise sanitaire que la pandémie de Covid-19 avait provoquée. Les mesures de protection collective, prises par les gouvernements de tous les pays, ont brusquement modifiée la vie personnelle et professionnelle de leur population. Dans la majorité de cas, les lieux de travail se sont déplacés des entreprises ou des institutions publiques vers le domicile – une situation inédite. Aussi bien les employés que leurs employeurs se sont retrouvés confrontés, entre autres, au défi d'exercer leurs professions et leurs activités dans un espace virtuel, parfois à 100 %.

L'adaptation progressive à ce nouveau contexte a été accompagnée de plusieurs difficultés, y compris le niveau plus ou moins satisfaisant des compétences numériques des employés, leur équipement en TIC nécessaire pour le télétravail ou d'autres barrières existantes à l'utilisation de ces compétences. C'est précisément le sujet sur lequel porte cette étude. L´objectif de la recherche consiste à révéler les difficultés qu'ont eu les entreprises à passer à un mode de fonctionnement numérique et au télétravail.

Dans un premier temps, on a développé un cadre théorique de la problématique traitée et qui consistait à définir les compétences numériques et les facteurs qui déterminent ces dernières. On a présenté ensuite le procédé méthodologique appliqué à la réalisation de notre propre étude auprès d'un échantillon d'entreprises. Les résultats les plus significatifs sont décrites et commentés dans la partie suivante. Finalement, on s'interroge à quel point ce mode de fonctionnement des entreprises basé sur le télétravail, voire le travail à distance, pouvait affecter les performances ou la productivité des employés. Plusieurs études relatives à ce sujet et disponibles en ligne ont servi d'appui.

CONTEXTE THEORIQUE

Les TIC, dans l'actualité, constituent la partie intégrante de chaque lieu de travail où elles font évoluer en permanence l'exercice de presque toutes les professions. De la part des employeurs, il existe une demande importante des travailleurs capables d'utiliser ces technologies de la manière la plus efficace possible (Drabowicz, 2014). Il s'agit des compétences numériques des individus d'aborder et de se servir des TIC (De Haan, 2004).

Hargittai (2002) définit une compétence numérique comme la capacité d'une personne de trouver rapidement et efficacement une information sur l'internet. Dans les conditions actuelles affectées par la pandémie de Covid-19, les entreprises sont confrontées à un écart croissant entre les compétences numériques dont disposent les employés et celles dont les entreprises ont besoin pour mieux se préparer à leur transformation numérique (Vallusova, Lacova, 2021).

Afin de pouvoir mieux analyser les différences des employés au niveau de leurs compétences numériques, plusieurs concepts théoriques sont apparus au cours des deux dernières décennies, tels que les compétences numériques du XXIe siècle, l'illetrisme numérique, l'e-compétences et d'autres (Van Laar *et al.*, 2020). Selon le même auteur (2017), l'approche des compétences numériques est passée d'une vision technique à celle qui met davantage l'accent sur leur contenu. Actuellement, l'approche la plus couramment utilisée par les universitaires consiste à proposer sept compétences clés contenant un élément numérique. Il s'agit des compétences suivantes :

- *numériques techniques* – liées à l'arrivée permanente des nouvelles TIC qui exigent une adaptation souple et à leur utilisation efficace de la part des employés;
- *numériques d'information* – qui consistent en la capacité de l'employé de chercher, évaluer et de sélectionner les informations provenant de différentes ressources;
- *de communication numérique* – indiquant la capacité de l'individu de transmettre une information afin que son sens soit conservé, en tenant compte des caractéristiques de la personne à qui l'information est destinée;
- *de collaboration numérique* – reflétant un besoin croissant de travail en équipe qui se déroule dans un espace virtuel et qui transcende souvent les frontières d'un pays;
- *relatives à un raisonnement critique* – elles représentent une nécessité de l'individu de considérer une information dans un contexte pertinent, évaluer son authenticité et de formuler sa propre attitude critique à l'égard de l'information;
- *numériques créatives* – elles rendent possibles de transformer une information acquise en une connaissance, de l'amener vers un contexte nouveau, en y ajoutant son propre point de vue, sa propre idée;
- *numériques liés à une résolution de problème* – ce type de compétences permet à un individu de comprendre et de saisir le fond d'une nouvelle situation, prendre les mesures nécessaires et obtenir les informations requises.

Par rapport au classement ci-dessus, l'approche méthodologique de l'Eurostat (Eurostat Data Description) et légèrement différente parce qu'elle ne reconnaît que quatre groupes de compétences numériques :

- *compétences d'information* qui correspondent à la capacité d'un individu d'identifier, localiser, rechercher, stocker, organiser et d'analyser les informations numériques, tout en considérant leur pertinence et l'objectif ;
- *compétences de communication*, consistant en une aptitude de communiquer dans l'espace virtuel, de partager avec d'autres les ressources d'informations par l'intermédiaire d'instruments existants, de communiquer au sein des réseaux ou communautés et de participer à leur efficacité ;
- *compétences relatives à la résolution des problèmes,* couvrant les capacités d'identifier les besoins numériques et leurs ressources, d'y prendre des décisions informées, d'utiliser les instruments les plus adaptés aux besoins ou aux objectifs, de résoudre les problèmes conceptuels ou techniques par des moyens numériques, ainsi que d'utiliser la technologie de manière créative ;
- *compétences logicielles consistant en la gestion du contenu* qui permettent de créer ou modifier le contenu (de l'éditeur de texte aux images et vidéos), d'intégrer et retravailler les connaissances et le contenu antérieurs, de créer des expressions créatives, des sorties médiatiques et de la programmation, ainsi que d'appliquer les droits de propriété intellectuelle et les licences.

Chaque individu a des caractéristiques personnelles différentes et il est assez naturel que celles-ci affectent également le niveau de compétences numériques qu'il possède. Ertl *et al.* (2020) affirment que l'âge est le facteur le plus important qui influence le niveau de compétences numériques d'un individu. Les jeunes (génération Z) ont en général un niveau de compétences numériques plus élevé que les personnes plus âgées (générations *baby boomers*, X et Y). Parallèlement, les personnes âgées sont moins susceptibles d'utiliser l'internet, les téléphones intelligents et les médias sociaux (Anderson et Perrin, 2017). D'autre part, il est nécessaire de percevoir que les individus de plus de 60 ans constituent un groupe très hétérogène avec différents niveaux d'éducation, de revenus, d'expériences professionnelles et de compétences, ainsi qu'avec d'autres facteurs ayant également un impact sur le niveau de compétences numériques (Hargittai *et al.*, 2019).

Le sexe est la deuxième variable socio-économique à prendre en compte. À l'avènement des TIC, le sexe était un facteur important influençant les compétences numériques, mais à l'heure actuelle, son influence s'est considérablement affaiblie (Ono et Zavodny, 2002). L´études de Campos-Castillo (2015) indique même que, dans certains pays, ce sont les femmes qui ont un meilleur accès à l'internet et un niveau plus élevé des compétences numériques qui y sont associées. Le troisième facteur fréquemment analysé par les chercheurs est le revenu qui est un déterminant important des compétences numériques non seulement dans les pays en voie de développement, mais aussi dans les pays développés. Il affecte l'accès à internet, son utilisation, mais aussi la diversité des TIC que possèdent les individus (Robinson *et al.*, 2020). Si l'on examine l'expansion de l'accès à l'internet, celui-ci augmente plus rapidement chez les familles disposant d'un revenu plus élevé et moins rapidement chez celles qui disposent d'un revenu plus faible (Martin et Robinson, 2007). Le niveau d'éducation atteint représente le dernier facteur le plus souvent examiné par rapport aux compétences numériques. Ce facteur peut être considéré comme la variable la plus cohérente, voire logique, car, en général, plus le niveau d'éducation des individus est élevé, plus leur niveau de compétences numériques l'est également (Van Deursen *et al.,* 2011). En plus de ces quatre variables, certains auteurs décrivent d'autres facteurs qui influent sur le degré des compétences numériques, tels que l'orientation sexuelle, la race et la nationalité, la présence d'un handicap, le niveau de soins de santé, le lieu de résidence et l´équipement du territoire (Robinson *et al.*, 2020).

Les facteurs ci-dessus peuvent, d'une part, donner lieu à la probabilité d'un niveau plus élevé de compétences numériques, mais, d'autre part, ils constituent les variables clés d'une fracture numérique potentielle. Cette dernière fait référence à une sorte d'exclusion sociale liée aux services numériques et aux TIC. En raison du fait que plusieurs services sont disponibles via l'internet, la fracture numérique est devenue le domaine d'intérêt dominant des autorités publiques (ministère de l'Investissement, du développement régional et de l'informatisation de la République slovaque, 2019) – en particulier dans la situation actuelle où de nombreux services fournis par les institutions publiques ne sont devenus accessibles qu'en ligne en raison de la pandémie Covid-19 (Edmunds, 2020). En même temps, on peut également affirmer que la fracture voire l'exclusion numérique est souvent associée au désavantage social d'un individu (Park et Humphry, 2019).

Un rapport publié par Eurofound (Fondation européenne pour l'amélioration des conditions de vie et de travail) en avril 2021 indique que 12 % des répondants de la République slovaque, qui étaient employés avant l'éclatement de la pandémie, ont perdu leur emploi. Concernant les autres salariés, on pouvait y observer une augmentation significative de l'incertitude associée au maintien de l'emploi. Gigauri (2020), dans une étude similaire sur la réponse de la GRH à la pandémie de la Covid-19 en Géorgie, déclare que les responsables des ressources humaines dans les entreprises ont généralement adopté une stratégie pour aider les employés à augmenter leurs compétences en matière du travail à domicile. Pour ce faire, ils ont mis en place des horaires de travail flexibles et ont adopté des politiques de gestion des performances moins strictes. Pour sa part, le top management a encouragé les responsables des ressources humaines à prendre des mesures qui contribueraient au bien-être physique et émotionnel des employés.

METHODOLOGIE UTILISEE

La base de cette recherche, dont le but consistait à révéler les difficultés qu'ont eu les entreprises à passer à un mode de fonctionnement numérique et au télétravail, est constituée par une enquête réalisée par le biais d'un questionnaire destiné aux entreprises. Le questionnaire contenait les informations d'identification liées aux caractéristiques de l'entreprise, comme sa taille, son activité économique selon la classification statistique SK NACE (Nomenclature statistique des activités économiques dans la Communauté européenne), ainsi que 15 questions dont une partie avait pour objectif d'identifier comment la pandémie de Covid-19 avait affecté le travail des responsables de la GRH. Le deuxième groupe de questions abordait les enjeux qui se sont posées par rapport au besoin aigu de valoriser davantage les compétences numériques des salariés. Le questionnaire a été créé par le biais de Google Forms et distribué par mail sur la période de mars-mai 2021.

Selon la base de données de l'Office statistique de la République Slovaque, le nombre total des entreprises existantes s'élevait à 2 944, dont 618 grandes et 2 326 moyennes. Dans le cadre de notre enquête, nous les avons contactées toutes, en leur communiquant le lien d'accès au questionnaire, ce qui a permis d'obtenir un retour de 160 réponses complètes. Il convient donc de souligner qu'il s'agissait d'un échantillonnage aléatoire. Il faut noter cependant que pour un nombre d'entreprises de base de 2 944, le niveau de niveau de confiance requis est de 95 % et pour l'intervalle de fiabilité de 5 %, l'échantillon statistique devrait être constitué par au moins 340 entreprises. Même si notre enquête est toujours en cours et que l'on espère élargir notre échantillon, ce dernier n'était pas au moment de rédaction de cet article suffisamment grand pour pouvoir en tirer des conclusions probantes sur la base d'une inférence concernant les entreprises dans leur ensemble.

Pour atteindre l'objectif fixé consistant à identifier les difficultés des entreprises relatives au passage à un mode de fonctionnement numérique, nous avons utilisé les réponses à six questions, tout en les croisant avec les entreprises de l'échantillon selon leur taille et leur branche d'activité économique. Les données collectées chez les 160 entreprises ont été traitées par les méthodes statistiques, et pour une meilleure visualisation des résultats, on les a représentées à l'aide de graphiques. Afin de trouver des corrélations existantes, on s'est appuyé sur les deux hypothèses suivantes :

H1 : Un taux plus élevé d'inadaptation d'employés aux nouvelles exigences de travail conduit à une réaffectation ou à un licenciement plus significatif.

H2 : La barrière la plus importante à l'acquisition de compétences numériques des employés est la barrière matérielle.

Lorsqu'il existait une probabilité de connexions logiques entre les données, on a calculé, à l'aide du programme SPSS, des coefficients de corrélation pour les vérifier. Les résultats obtenus sont comparés à ceux que d'autres études, réalisées et accessibles, ont révélés.

RESULTATS

Cette étude vise donc l'identification des difficultés survenues chez les travailleurs par rapport au besoin d'utiliser, pendant la pandémie Covid-19, leurs compétences numériques en travaillant à domicile. Dans ce contexte, la question fondamentale posée aux managers des RH portait sur le besoin des changements nécessaires relatifs à l´effectif, comme réponse aux mesures anti-pandémiques. Sur l'échantillon des 160 entreprises interrogées, seulement 7 parmi elles ont procédé à des licenciements. 13 entreprises ont confirmé avoir dû réaffecter certains employés à d'autres postes et seules 6 entreprises ont été obligées de licencier et de réaffecter en même temps certains de leurs employés. Bien que l'enquête ait montré que dans 134 entreprises aucun changement sur le plan de l'effectif n'a été nécessaire, les réponses à d'autres questions ont montré que les problèmes relatifs à des compétences numériques sont plus importants et plus complexes qu'ils ne le paraissaient à première vue.

Sur la base des données ci-dessus, on peut donc affirmer que 16 % des entreprises interrogées ont été contraintes de licencier ou de réaffecter certains de leurs employés et que, dans la même proportion, les entreprises ont déclaré qu'elles devaient former leurs employés aux compétences numériques en raison de la situation pandémique. La part des individus ayant participé à une telle formation varie de 1 à 60 % de l'effectif total des entreprises (graphique 1), alors qu'en termes de leur taille les entreprises moyennes ont formé le plus en compétences numériques (jusqu'à 22 % des salariés en moyenne), alors que les grandes entreprises venaient en deuxième position (avec une moyenne de 17 % des salariés formés).

Graphique 1. Proportion d'employés qui n'ont pas pu s'adapter aux demandes accrues de compétences numériques

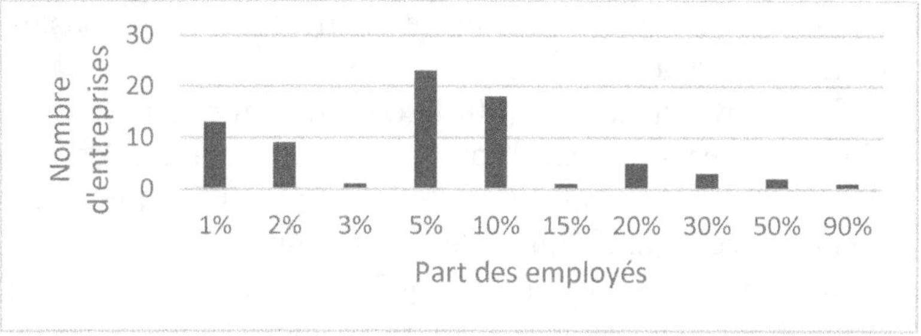

Source : Résultats de l'enquête 2021

Concernant la question de la capacité d'adaptation des travailleurs aux nouvelles exigences de l'emploi, nous nous sommes demandé dans quelle mesure ce problème avait pu influer sur les entreprises et, par conséquent, les obliger de réaffecter voire de licencier leurs salariés. Aucune corrélation significative entre les données obtenues n'a été confirmée dans ce contexte (corrélation de Pearson = 0,123) ; cela est vrai également pour les entreprises uniquement industrielles (Pearson : 0,109) ainsi que pour les deux catégories d'entreprises interrogées – moyennes (0,053) et grandes (0,132). L´hypothèse H1 est donc non confirmée.

Parmi les entreprises où des licenciements, des réaffectations de salariés ou les deux de ces mesures en même temps étaient nécessaires, 62 % des managers ont répondu affirmativement à la question qui consistait à savoir s'ils avaient des difficultés à adapter les salariés aux nouvelles conditions. Cependant, même dans les entreprises où la réaffectation des employés ou même le licenciement n'étaient pas nécessaires, 44 % des managers ont déclaré que leurs employés avaient des difficultés à s'adapter aux exigences croissantes en compétences numériques. Bien que les entreprises aient eu des problèmes avec le passage des employés au télétravail et à l'utilisation de leurs compétences numériques, force est de constater que la majorité d'entre elles n'ont pas cherché, *a priori,* à résoudre ces problèmes en licenciant des salariés ou en les réaffectant à des postes de travail différents.

Vallusova et Lacova (2021) considèrent que la formation, ainsi que les activités d'équipe intergénérationnelles étaient des outils qui peuvent aider les entreprises à augmenter les compétences numériques de leurs employés. Même si les données révélées par notre enquête, concernant le besoin de formation pourraient suggérer que les compétences numériques des employés sont suffisantes et que la pandémie n'a pas causé de problèmes majeurs aux entreprises à cet égard, on peut affirmer que ce n'est pas tout à fait le cas. Plus de la moitié des entreprises interrogées (58 %) considèrent que l'analphabétisme, voire le manque de sensibilisation au besoin de compétences numériques, c'est-à-dire les barrières mentales, sont les principaux freins liés à l'utilisation de ces compétences dans une entreprise. Cela prouve que si les réponses actuelles de nos répondants à la crise sanitaire ne se sont traduites que par un faible niveau de la formation des salariés, cette question est beaucoup plus complexe. On peut seulement supposer que, dans des circonstances données, les entreprises n'ont pas résolu la situation immédiatement en organisant la formation à l'intention des employés, mais qu'elles considèrent « la maîtrise insuffisante » des compétences numériques comme un problème majeur.

20 % des entreprises interrogées perçoivent comme une préoccupation importante un manque de motivation des employés à développer leurs compétences numériques. Paradoxalement, la situation pandémique pouvait avoir un impact positif à cet égard, parce que même les employés, qui jusqu'à présent n'ont pas été motivés à acquérir ce type de compétences, pouvaient être incités à le faire, vu les difficultés qu'ils avaient dans leur travail. Cet intérêt croissant des

salariés pour les compétences numériques peut effectivement contribuer à leur acquisition ou à l'amélioration de celles des travailleurs qui en possèdent, surtout s'il n'y a pas de barrières matérielles qui les empêcheraient de le faire. Selon l'enquête, seulement 8% des entreprises ont mentionné les barrières matérielles existantes (notamment l'absence d'un ordinateur personnel dans le ménage, ou d'une connexion internet pour des raisons financières, ou encore la pauvreté du ménage en général) comme un obstacle pour que leurs salariés puissent acquérir des compétences numériques. L'hypothèse H 2 est donc non confirmée.

Graphique 2. Barrières relatives aux compétences numériques

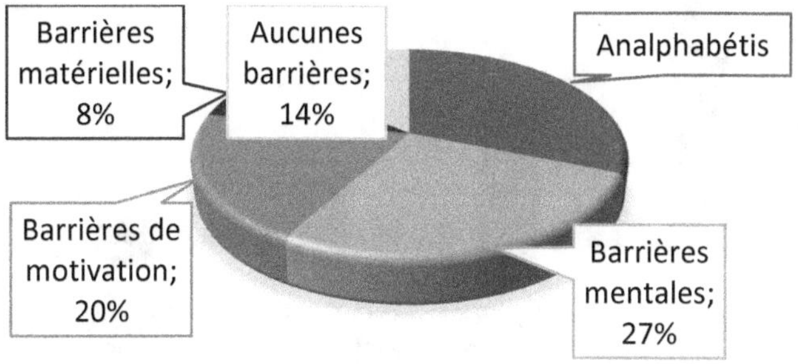

Source : Résultats de l'enquête 2021

Notre enquête a confirmé les résultats de plusieurs études étrangères (Ertl *et al.*, 2020, Hargitai *et al.*, 2002) selon lesquelles l'âge s'avère être le déterminant clé du niveau des compétences numériques. Sur 160 de nos répondants, 139 sont persuadés que ce sont surtout les personnes âgées de plus de 50 ans qui sont défavorisées sur le marché du travail en raison de leurs compétences numériques insuffisantes.

Les réponses des managers entreprises objet de l'enquête ont également contredit la perception du sexe comme un facteur important qui influençait les compétences numériques à l'issue de l'avènement des TIC (Ono et Zavodny, 2002 ; Campos-Castillo, 2015). Dans 5 cas seulement, le sexe a été est indiqué comme un facteur qui était à l'origine de compétences numériques insatisfaisantes des demandeurs d'emploi.

Graphique 3. Personnes défavorisées sur le marché du travail en raison de compétences numériques insuffisantes

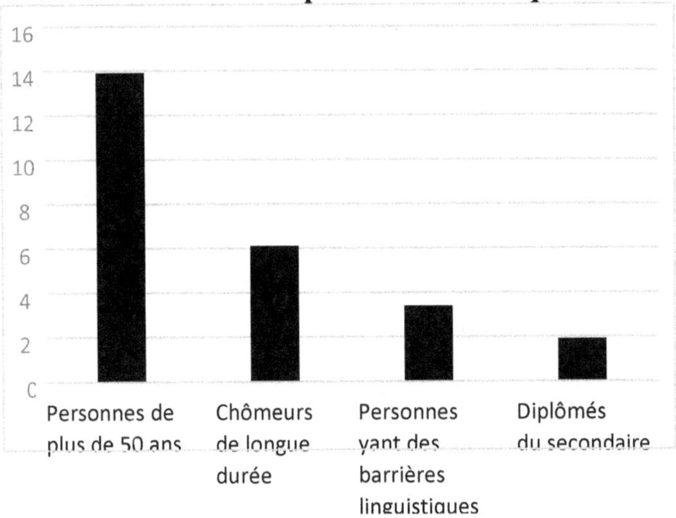

Source : Résultats de l'enquête 2021

Sur l'ensemble des répondant, 29 % affirment que ce sont l'âge (plus de 50 ans) et le chômage de longue durée des individus qui constituent l'explication essentielle du faible niveau des compétences numériques. Par ailleurs 19 % des entreprises ont mentionné que les écoles secondaires ne préparaient pas aux compétences numériques requises. Il y a même 3 entreprises qui ont tissé le même commentaire au sujet des diplômés universitaires. Dans ce contexte, il convient de mentionner que le dernier test de compétences en TIC en Slovaquie (Commission européenne, 2020) a montré que bien que 59 % des adultes possèdent des compétences numériques de base, il existe des lacunes chez les jeunes, notamment en termes de compétences bureautiques (les éditeurs de texte ou les tableur).

Une question importante qui a permis de révéler dans quelle mesure les employés maîtrisaient les compétences numériques était de savoir comment ces employés ont pu s'adapter à la nouvelle situation pandémique. Sur les 160 managers interrogés, un peu plus de la moitié (52 %) ont déclaré que leurs employés n'avaient aucun problème d'adaptation aux demandes accrues de compétences numériques qui se sont manifestées après le déclenchement de la pandémie Covid-19. Sur les 48 % des entreprises restantes, 23 répondants ont affirmé que 5 % de leurs employés avaient des difficultés à s'adapter à la situation et 18 entreprises ont révélé que 10 % de leurs employés étaient incapables de s'adapter aux nouvelles exigences de travail dans lesquelles ils devaient utiliser les compétences numériques. Seules 3 entreprises ont signalé des problèmes majeurs d'adaptation des employés relatifs aux compétences numériques qui concernait plus de 50 % de leur effectif total. En termes de structure sectorielle, la proportion la plus élevée de salariés ayant des difficultés à utiliser les compétences numériques et à s'adapter à un nouveau contexte s'est davantage manifestée dans les entreprises industrielles et celles du transport.

EN TERMES DE CONCLUSION

Les résultats de l'enquête, même s'ils ne sont pas totalement représentatifs (voir la partie sur la méthodologie), confirment que les problèmes liés aux compétences numériques des employés des entreprises slovaques pendant la pandémie de

Covid-19 ont pris des proportions assez importantes et qu'ils représentent des tâches courantes que les managers des RH devaient et doivent résoudre. Il est confirmé que les managers ont résolu certaines difficultés immédiatement en changeant l'organisation du travail ou en mettant en place des programmes de formation de leurs salariés aux compétences numériques. Bien que cette formation ne se soit pas manifestée dès le début comme un problème concernant une masse d'employés, dans la plupart des entreprises, les managers des ressources humaines considèrent l'état actuel des compétences numériques comme un problème sérieux. Non seulement les employés n'ont pas atteint le niveau requis, mais nombreux sont ceux qui ne se rendaient même pas compte de ce besoin. À cet égard, on peut supposer que sous l'impact de la pandémie, il y aura un changement dans la perception de la nécessité d'acquérir et de développer en permanence les compétences numériques de la part d'une partie importante de la population. Les entreprises devraient s'en servir pour motiver leurs employés à se former de manière plus efficace en aptitudes numériques. Certaines études en cours (Giguari, 2020) montrent que les responsables des ressources humaines ont commencé à développer les stratégies qui contribuent à accroître l'habileté numérique de leurs employés.

Enfin, il est à noter que notre propre étude sur ce sujet ne fait que commencer. Bien que nous ayons pu révéler plusieurs faits intéressants pendant la pandémie, ainsi que depuis la suppression progressive des mesures anti-pandémiques et donc le retour « à la normale » dans de nombreuses entreprises, nous n'avons pas eu le temps de les traiter et, par conséquent, de pouvoir inclure dans les informations qui en résultent ou les questions qui en relèvent. L'une d'elles consiste à savoir quel est l'impact du télétravail sur les performances des employés et, par conséquent, sur celles de leurs entreprises ou des institutions publiques. Plusieurs études ont déjà été réalisées avec l'objectif d'y trouver des réponses. À titre d'exemple, celle de Glassdoor[1], l'un des plus grands sites d'emploi et de recrutement au monde, effectué en mars 2020 et qui a porté sur 1 001 employés de bureau français, a montré que presque 40 % de ces employés sont persuadés d'être aussi productifs en travaillant à la maison qu'au bureau, alors que 20 % d'entre eux déclaraient même qu'ils seraient plus productifs. Par ailleurs, 62 % des personnes interrogées affirment que le principal avantage du travail à domicile consiste à pouvoir travailler à leur propre rythme et à mieux gérer leur temps. En effet, en acceptant que le travail à domicile contribue à un meilleur équilibre entre la vie privée et la vie professionnelle, ce qui est considéré comme un élément important de la motivation des employés et de leur performance, ce mode de travail ne devrait donc pas avoir un effet négatif sur cette dernière. Cependant, pour pouvoir le prétendre, des analyses plus profondes s'avèrent nécessaires. De même, il serait intéressant d'étudier en quoi les phénomènes observés en Slovaquie se montreraient-ils transposables au reste de Europe. Pour cela, il faudra attendre à ce que des études analogues soient disponibles dans d'autres pays européens.

RÉFÉRENCES

Anderson M., Perrin, A. (2017), "Tech adoption climbs among older adults", 17 May, *Pew Research Center*, <https://www.pewresarch.org/internet/2017/05/17/tech-adoption-climbsamong-older-adults/>

Campos-Castillo C. (2015), "Revisiting the first-level digital divide in the United States: Gender and race/ethnicity patterns, 2007-2012", *Social Science Computer Review*, No 33, p. 423-439.

de Haan J. (2004), "A multifaceted dynamic model of the digital divide", *Information Technology and Society*, No 1, p. 66-88.

[1] https://www.glassdoor.fr/employeurs/blog/teletravail-covid19-etude/

Drabowicz, T. (2014), "Gender and digital usage inequality among adolescents: a comparative study of 39 countries", *Computers & Education*, No 74, p. 98-111.

Edmunds A. (2020), "Digital exclusion: Internet access and affordability", People know how-Research Briefings, <https://peopleknowhow.org/connect-four-journal/digital-exclusioninternet-access-and- affordability/>

Ertl B. *et al.* (2020), "Getting closer to the digital divide: An analysis of impacts on digital competencies based on the German PIAAC sampleé, *International Journal of Educational Development*, No 78.

European Commission (2020), *European Semester: Country report – Slovakia*, [online], (2020), [cited 14.06.2021], Available at 2020 European Semester: Country Reports | European Commission (europa.eu), Eurostat Data Description (2022), <https://ec.europa.eu/eurostat/cache/metadata/en/tepsr_sp410_esmsip2.htm>

Gigauri, I. (2020), "Organizational Support to HRM in Times of the COVID-19 Pandemic Crises, *European Journal of Marketing and Economics,* No 3, p. 35-47.

Glassdoor (2022), « Télétravail impose face au Covid-19 : qu'en pensent les Français », <https://www.glassdoor.fr/employeurs/blog/teletravail-covid19-etude/>

Hargittai, E. (2002), *Second Level Digital Divide: Differences in People*'s *Online Skills,* First Monday, <http://eszter.com/research/pubs/hargittai-secondleveldd.pdf>

Hargittai E. *et al.* (2019), "From internet access to internet skills: digital inequality among older adults", *Universal access in the information society*, No 8, p. 881-890. <https://www.glassdoor.fr/employeurs/blog/teletravail-covid19-etude/>

Martin S., Robinson J. (2007), "The Income Digital Divide: Trends and Predictions for Levels of Internet Use", *Social Problems*, No 54, p. 1-22.

Ministère de l'investissement, du développement régional et de l'informatisation de la République slovaque (2019), Stratégie de transformation numérique de la Slovaquie jusqu'en 2030, <https://www.mirri.gov.sk/sekcie/informatizacia/digitalna-

transformacia/strategia-digitalnej-transformacie-slovenska-2030/index.html>

Ono H., Zavodny M. (2002), "Is there a gender gap in internet usage?", *SSE/EFI Working Paper Series in Economics and Finance*, No 495.

Park S., Humphry J. (2019), "Exclusion by design: intersections of social, digital and data exclusion", *Information, Communication & Society*, No 22, p. 934-953.

Robinson L. *et al.* (2020), "Digital inequalities 2.0: Legacy inequalities in the information age", *First Monday*, No 25,

<https://ec.europa.eu/eurostat/cache/metadata/en/tepsr_sp410_esmsip2.htm>

Vallusova A., Lacova Z. (2021), "Digital skills across Europe : Can we talk about homogeneity?", *L'Europe, ses acteurs et leurs stratégies : visions managériales croisées* », Paris, *L'Harmattan*, p. 119-135.

Van Deursen A. *et al.* (2011), "Rethinking Internet skills: The contribution of gender, age, education, Internet experience, and hours online to medium- and content-related Internet skills", *Poetics,* No 39, p. 125-144.

Van Laar E. *et al.* (2020), "Determinants of 21 st-Century Skills and 21 st-Century Digital Skills for Workers: A Systematic Literature Review", *SAGE Open,*
< https://journals.sagepub.com/ doi/10.1177/ 2158244019900 176>

Van Laar E. *et al.* (2017), "The relation between 21 st-century skills and digital skills: A systematic literature review", *Computers in Human Behavior*, No 72, p. 577-588.

LES FUSIONS & ACQUISITIONS EN TEMPS DE CRISE. UNE PERSPECTIVE GENERALE

Martins, Chandra
Universidade Europeia de Lisbonne

ABSTRACT
Due to the current COVID-19 pandemic, society and the world as we know it are changing and shaking the foundations of public health governance and economics worldwide. As time passes, it becomes more and more evident that it is impossible to imagine the magnitude of the consequences that we will face in the near future. As we do not yet have enough publications on the consequences of the COVID-19 pandemic and its influence on the national and international markets with regard to mergers and acquisitions, we intend to link the scenarios of the crisis international financial crisis with what we think the coming financial crisis will bring.Using bibliometric approaches, this literature review aims to raise and, to the extent available information, answer several questions about mergers and acquisitions (M&A) such as: How can domestic and cross-border M&As help companies survive the international crisis? What are the effects of the economic crisis on the acquisition behavior of companies and how does such behavior produce its impact on the short-term performance of companies? What are the real effects of collective bargaining in the context of M&A around the world? How are companies adjusting their geographic reach and product market in response to the economic crisis? What is the impact of the reputation of the acquirer on the reactions of the financial markets to M&A announcements? how do companies use acquisitions to enter and/or expand their presence in different product markets and different geographic markets before and during the economic crisis? Do cross-border acquisitions have a positive or rather negative impact on short-term financial performance in times

of crisis? How do different types of M&A facilitate strategic agility? What factors can influence the negotiation process for cross-border M&A? What are the effects of institutional and cultural differences, as well as those of human resource management when it comes to cross-border M&A? What are the motivations and skills needed to make an acquisition decision? What are the socio-cultural and politico-economic factors that cross-border M&As face in times of economic crisis and what can be done to improve M&A decision-making? What is the role of the leader in the duality of structure and the evolution of cross-border acquisition decisions, as well as the role of accounting in post-acquisition integration? What are the effects of mergers in capital market analysis? Do cross-border M&As increase short-term market performance? Can we find country-specific determinants for cross-border M&As? Does the financial press have an impact on M&A performance? How to evaluate business performance after a merger or acquisition? How to measure the impact of M&As on the market? What are the indicators used to assess the final performance of M&As? How can we measure market concentration and competition among market players? We also try to examine the impact of M&As and their post-merger risks. The methodology used is a literature review, analyzing approximately 67 articles, referring to past financial crises.

RESUME

En raison de la pandémie actuelle de COVID-19, la société et le monde tels que nous les connaissons sont en train de changer et d'ébranler les fondements de la gouvernance et de l'économie de la santé publique dans le monde entier. Au fur et à mesure que le temps passe, il devient de plus en plus évident qu'il est impossible d'imaginer l'ampleur des conséquences auxquelles nous serons confrontés dans un avenir proche. Comme nous ne disposons pas encore de suffisamment de publications sur les conséquences de la pandémie de COVID-19 et son influence sur les marchés nationaux et internationaux en ce qui concerne les fusions et acquisitions, nous avons l'intention de lier les scénarios de la crise financière internationale antérieure avec ce que nous pensons que la crise financière à venir apportera. À partir des approches bibliométriques, cette revue de la littérature vise à soulever et, dans la mesure de l'information accessible, de répondre à plusieurs questions sur les fusions et acquisitions (F&A) telles que : Comment les F&A nationales et transfrontalières peuvent-elles aider les entreprises à survivre à la crise internationale ? Quels sont les effets de la crise économique sur le comportement d'acquisition des entreprises et comment un tel comportement produit son impact sur la performance à court terme des entreprises ? Quels sont les effets réels de la négociation collective dans le contexte des F&A à travers le monde ? Comment les entreprises ajustent-elles leur portée géographique et leur marché de produits en réponse à la crise économique ? Quel est l'impact de la réputation de l'acquéreur sur les réactions des marchés financiers aux annonces de F&A ? comment les entreprises utilisent-elles les acquisitions pour entrer et/ou étendre leur présence sur différents marchés de produits et différents marchés géographiques avant et pendant la crise économique ? Est-ce-que les acquisitions transfrontalières ont un impact positif ou plutôt négatif sur les performances financières à court terme en temps de crise ? Comment les différents types de F&A facilitent-ils l'agilité stratégique ? Quels sont les facteurs qui peuvent influencer le processus de négociation concernant les F&A transfrontalières ? Quels sont les effets des différences institutionnelles et culturelles, ainsi que ceux de la gestion des ressources humaines quand il s'agit de F&A transfrontalières ? Quelles sont les motivations et les compétences nécessaires pour prendre une décision d'acquisition ? Quels sont les facteurs socioculturels et politico-économiques auxquels les F&A transfrontalières sont confrontées en période de crise économique et que faire pour améliorer la prise de décision en matière de fusions et acquisitions ? Quel est le rôle du leader dans la dualité de structure et de l'évolution des décisions d'acquisition transfrontalière, ainsi que le rôle de la comptabilité dans l'intégration post-acquisition ? Quels sont les effets des fusions dans l'analyse du marché des capitaux ? Les F&A transfrontalières augmentent-elles les performances du marché à court terme ? Peut-on trouver des déterminants spécifiques à chaque pays pour les F&A transfrontalières ? La presse financière a-t-elle un impact sur les performances des F&A ? Comment évaluer les performances des entreprises après une fusion ou une acquisition ? Comment mesurer l'impact des F&A sur le marché ? Quels sont les indicateurs utilisés pour évaluer la performance finale des F&A ? Comment pouvons-nous mesurer la concentration du marché et la concurrence entre les acteurs de ce marché ? Nous essayons également d'examiner l'impact des F&A et leurs risques post-fusion. La méthodologie utilisée est une revue de la littérature, analysant environ 67 articles, se référant à des crises financières passées.

Keywords: **Mergers and Acquisitions (M&A), strategies, financial crisis, Covid-19**

Mots-clés : **fusions et acquisitions (F&A), stratégies, crise financière, Covid-19**

Classification JEL : **I10, F23, G34**

INTRODUCTION

La crise sanitaire systémique résultant de la pandémie de la Covid-19 a déclenché plusieurs crises sociales, politiques et économiques. On prévoit une baisse des indices économiques dans le monde, ce qui affectera les relations commerciales entre les pays et les entreprises, et, à l'instar de la crise vécue au début des années 2000, nous assisterons à un grand nombre de fusions et acquisitions (F&A) afin de permettre aux entreprises de sauver leurs activités. Indépendamment de nombreuses interrogations, Cette contribution vise à répondre à deux questions principales : Que doivent faire les entreprises pour prévenir et surmonter les difficultés liées à l'imminence de la crise économique mondiale résultant de la pandémie de la COVID-19 ? Les F&A sont-elles une solution viable pour leur survie ? Pour répondre, nous avons choisi d'étudier, dans une perspective holistique, les différentes typologies, approches et caractéristiques des F&A et les divers effets qui en découlent.

La mondialisation a entraîné une augmentation rapide des F&A transfrontalières, de sorte qu'au cours des dernières décennies, l'économie mondiale a connu un mouvement continu de F&A, démontrant une tendance croissante à la concentration et à la centralisation du capital.

La littérature montre que la crise financière systémique survenue entre 2007 et 2011 et celle survenue à la fin des années 1990 ont entraîné l'augmentation du nombre de F&A dans le monde et dans un large éventail de domaines d'activité, qu'il s'agisse de fusions nationales ou transfrontalières.

Les processus de F&A constituent l'une des principales activités qui ont reconfiguré et transformé la dynamique des relations commerciales au cours des dernières décennies, lorsque les vagues de F&A ont entraîné une intensification de l'union entre les entreprises acquérant de ce fait des dimensions véritablement mondiales.

LA METHODOLOGIE

L'étude est basée sur la révision systématique de la littérature en tant qu'approche méthodologique pour explorer les résultats utiles existante sur les F&A et pour identifier le manque de connaissances pouvant déboucher sur des recherches futures.

Pour ce travail, 67 articles publiés dans plusieurs revues indexée et, pour la plupart, soumis à une analyse par les pairs *(peer-review)* ont été analysés. Sur l'ensemble des articles, 57 ont été publiés au cours des 10 dernières et 34 parmi eux ont été publiés au cours des 5 dernières années. La recherche a été effectuée sur le site internet *d'Elsevier electronic* et sur la base de données *B-On*. Pour les mots clés et uniquement dans le champ du titre, on a choisi "*Mergers and Acquisitions; Strategies; Financial Crisis*". Pour complément de recherche, la section de références bibliographiques de certains articles a été consultée, le but étant d'identifier des publications additionnelles sur le sujet. Au terme de l'exercice et comme on l'a souligné plus haut, on a fini par retenir 67 articles pour cette étude. Pour la COVID-19, on a consulté le rapport d'Eurofound (2021).

APPROCHES THEORIQUES

Les F&A sont des thèmes transversaux dans la société d'aujourd'hui et au niveau du management mondial. Comment la littérature définit les F&A ? Pour Camargos et Minadeo (2007), Siqueira et Castro (2010), Pessanha *et al.* (2012), Dikova et Rao Sahib's (2013), Motta *et al.* (2013), Brueller et Carmeli *et al* (2014), Romano et Almeida (2015), Pires et Marcondes (2017), Toigo (2017), Olcay, Öner, et Olcay (2019) et Minadeo (2018), les F&A sont définies comme des stratégies de croissance unissant deux ou plusieurs entreprises qui souhaitent établir des partenariats avec des objectifs communs (Fusion) ou à travers l'achat d'une entreprise par une autre, permettant à l'entreprise acquéreuse de gérer les actifs de l'entreprise acquise. L'acquisition signifie qu'une entreprise prend le contrôle de la totalité ou d'une partie des actions d'une autre entreprise. Ces opérations sont plus appropriées lorsqu'il existe des raisons opérationnelles, géographiques et juridiques pour maintenir les structures d'entreprise partiellement ou totalement séparées.

La littérature spécialisée classe les F&A en quatre catégories distinctes : horizontales, verticales, conglomérales et concentriques.

Les F&A horizontales consistent pour une entreprise à s'associer à une autre entreprise qui développe la même activité en vue d'accroitre sa part et son pouvoir de marché tout en éliminant, un ou plusieurs concurrents. Concernant les F&A verticales, une entreprise s'associe à une autre entreprise, soit en amont (un fournisseur), soit en aval (un client) dans sa chaîne de production : il s'agit d'une décision qui est susceptible de traduire une plus grande synergie et une plus grande création de valeur pour l'actionnaire. On parle de F&A conglomérales lorsqu'elles impliquent des entreprises appartenant à des secteurs d'activité différents et que leur principal objectif est celui de la diversification en vue de réduire les risques et de tirer parti des opportunités d'investissement. Finalement, Siqueira et Castro (2010) précisent que la diversification peut être concentrique lorsque l'entreprise achetée à une production, une technologie, des produits, des canaux de distribution et/ou des marchés similaires à ceux de l'entreprise acquéreuse.

Selon Bortoluzzo *et al.* (2014), Camargos et Minadeo (2007), les F&A nationales et transfrontalières peuvent aider les entreprises à survivre à la crise internationale et à bénéficier d'un marché plus vaste. On l'a observé par exemple lors de l'acquisition de la compagnie aérienne brésilienne Varig par Gol. Cette opération s'est traduite par la reconfiguration du marché national de l'aviation civile et a généré plus de bénéfices pour les différentes parties prenantes et pour l'économie du pays. Elle a permis une croissance rapide sur le marché international, ainsi qu'une croissance sur le marché national en utilisant les espaces aéroportuaires et la marque Varig. Par ailleurs, selon Siqueira e Castro (2010), entre 2000 et 2008, 3 647 F&A ont vu le jour au Brésil. Une professionnalisation du secteur et une plus grande capitalisation des usines face à la reprise du marché international semblent constituer les facteurs clés de l'accélération du processus de F&A.

En ce qui concerne les effets de la crise économique sur le comportement d'acquisition des entreprises, sachant qu'un comportement a un impact sur la performance à court terme des entreprises, Cho et Ahn (2017), Cortés, García, et Agudelo (2015), Pessanha *et al.* (2012) et Camargos et Barbosa (2009), soutiennent l'idée selon laquelle aussi bien les fusions que les acquisitions sont des outils puissants pour la croissance des entreprises parce qu'ils permettent la pénétration dans de nouveaux marchés à court terme, en évitant l'attente de la maturité des investissements internes et de commencer à partir de la case départ. Par conséquent, les F&A éliminent le besoin de croissance interne pour accéder à une activité nouvelle ou dans un marché nouveau. Dans le même ordre d'idées, Rosenberg, Fonseca et d'Avila (2010) affirment qu'il existe deux méthodes pour développer une entreprise, soit en construisant des affaires nouvelles et en créant de nouveaux marchés, soit en acquérant un nouveau projet, en agissant sur un marché existant.

En ce qui concerne les effets réels de la négociation collective dans le contexte des F&A dans le monde, selon Ahmad et Lambert (2019), les complexités du processus de négociation après la signature d'un accord de fusion initial peuvent être surmontées lorsque le dialogue avec les partenaires sociaux est renforcé et mené dans un cadre de négociation collective. Cette négociation collective atténue les effets négatifs qui sont à l'origine des tensions entre l'acquéreur et les salariés et amène les deux parties à trouver une solution à l'amiable en cas de conflit. Elle influence positivement le processus de réalisation de l'opération en rendant sa réalisation plus probable et sa durée plus courte, ce qui est conforme au point de vue informationnel.

Selon Schosser et Wittmer (2015) et Brueller, Carmeli *et al.* (2014), les entreprises peuvent ajuster leur extension géographique et leur marché de produits en réponse à la crise économique à travers des acquisitions *Bolt-on*. Ces dernières correspondent à des acquisitions d'entreprises plus petites, généralement dans le même secteur d'activité, qui ont une valeur stratégique et qui peuvent élargir le portefeuille de produits tout en améliorant leur positionnement technologique. Les acquisition *Bolt-on* confortent également la position de leader et confèrent plus de capacité de service après-vente avec des niveaux d'investissement beaucoup plus faibles. Par ailleurs, les entreprises utilisent les acquisitions pour entrer et/ou étendre leur présence sur différents marchés de produits dans des zones géographiques diverses. Ces acquisitions s'inscrivent dans une logique d'intégration des chaînes de valeur, avec le rajout de capacités en amont (produits) et en aval (ventes et marketing). Hoffmann, Vieira et Menezes (2017) affirment que le processus d'intégration d'une fusion-acquisition peut être difficile lorsqu'elle est effectuée dans un autre pays, en raison des différences culturelles et organisationnelles entre les entreprises.

En ce qui concerne l'impact de la réputation de l'acquéreur sur les réactions des marchés financiers, Chalençon *et al.* (2017), défendent que la réputation soit définie « comme une perception de la capacité d'une entreprise à créer de la valeur par rapport à ses concurrents ou à fournir de la valeur à travers les dimensions clés de la performance ». Avec le développement des technologies de l'information et de la communication (TIC), nous assistons à l'"internalisation" de la réputation, également qualifiée de "e-réputation". Un tel constat a modifié les pratiques organisationnelles, ainsi que la relation entre les entreprises et leurs parties prenantes. Cela peut être observé dans le cas des réactions des marchés face aux F&A, car les nouveaux médias et les réseaux sociaux transmettent des informations, les traitent et conduisent à la formation de perceptions collectives. Les marchés financiers tiennent compte de la réputation des entreprises lorsqu'ils estiment qu'il y a une création de valeur à l'issue de l'annonce d'une F&A. De même, Camargos et Barbosa (2015) affirment que les rendements après l'annonce d'une F&A sont positivement affectés par la réputation de l'acquéreur. Selon Tao *et al.* (2017), l'annonce de F&A transfrontalières entraîne une réaction positive du marché boursier.

En ce qui concerne l'effet positif ou négatif sur la performance comptable des acquisitions transfrontalières en temps de crise, Dutta *et al.* (2013) ont constaté l'effet significatif et positif des transactions financées par des capitaux propres tout en notant que, sur le long terme, ce type de financement serait nettement moins performantes. Pour leur part, Brueller, Carmeli *et al.* (2014) définissent l'agilité stratégique comme la capacité de rendre les connaissances accessibles, à faire preuve de flexibilité et à prendre des décisions stratégiques rapides avec un haut degré de précision. Ils affirment qu'une mauvaise identification du type d'acquisition peut conduire à des échecs postérieurs importants et que l'affinement de la typologie permet de mieux ajuster les règles applicables à chaque type. Pour Pires et Marcondes (2017), les F&A de type horizontal, entre des entreprises ayant des activités similaires et qui disposent, généralement, des mêmes clients et des mêmes fournisseurs, présenteraient un profil favorisant l'agilité stratégique.

En ce qui concerne les facteurs susceptibles d'influencer le processus de négociation dans les F&A transfrontalières, Perera et Kerr (2009), Sales et Zanini (2017) et Ahammad, Tarba, Liu, Glaister, *et al.* (2016) affirment que la communication revêt une importance cruciale dans le processus de négociation. L'échange d'informations entre les entités qui fusionnent peut réduire le niveau d'ambiguïté, améliorant ainsi les chances de négociation et le succès global de l'opération de F&A. Selon Bauer et Matzler (2017), il existe différents courants de recherche sur les effets de la performance des F&A. Pour cela, on a recours à différents indicateurs tels que la performance financière et la performance en matière d'innovation et d'internationalisation. Ces auteurs ont souligné l'importance de mesurer la performance du point de vue de la gestion. D'une façon plus précise, Camargos et Barbosa (2009) ont utilisé dans leur étude le QT de Tobin (la valeur de marché divisée par les capitaux propres et la marge nette). Siqueira et Castro (2010) affirment que la concentration du marché est estimée à travers le calcul du taux de concentration des quatre, huit et vingt plus grandes entreprises, obtenu en effectuant la somme de leurs parts de marché. Quant à Toigo (2017), celui-ci fait référence à l'indice Hirschman-Herfindahl (HHI) et décrit les 10 filtres de Graham dont l'objectif principal est d'identifier les entreprises ayant de bons indices du marché des capitaux, une bonne santé financière et une régularité des bénéfices. Dans le sens de l'application du principe de base de l'évaluation, Romano et Almeida (2015), Bergmann *et al.* (2015) et Dolz et Iborra (2014) ont eu recours à la méthodologie de l'étude d'événement visant à étudier les effets possibles sur le marché des capitaux avant, pendant et après la fusion de deux entreprises.

Selon Gunkel *et al.* (2015) et Bauer *et al.* (2016), les différences institutionnelles et culturelles, et la gestion des ressources humaines lors des F&A transfrontalières sont de grande importance. Dans ce même contexte, Ahammad, Tarba, Liu, Glaister *et al.* (2016) affirment que le rapport entre l'efficacité du processus d'intégration d'un côté et les différences culturelles organisationnelles, de l'autre, sont complexes. Ces auteurs recommandent aux comités de négociation d'évaluer la culture de chaque organisation et de comprendre les différences existantes.

Dikova et Rao Sahib (2013) affirment que plus les différences culturelles et institutionnelles entre l'acquéreur et les entreprises acquises sont importantes, plus le stress chez les effectifs est grand et plus l'intégration est coûteuse. À court terme, la distance culturelle peut engendrer des coûts d'intégration additionnels, ce qui rend difficile la gestion des acquisitions internationales. Les acquéreurs expérimentés sont également susceptibles de faire preuve d'une plus grande sensibilité culturelle dans la résolution des incompatibilités organisationnelles.

Pour Canning *et al.* (2012), les F&A opérées par des entreprises chinoises ont été confrontées à de sérieux défis dans des pays tels que les États-Unis, principalement en raison du manque de connaissance des caractéristiques socioculturelles et politico-économiques de l'environnement local. À ce propos, les auteurs affirment que si les entreprises chinoises disposaient d'un système d'intelligence économique permettant d'identifier et d'analyser les informations socioculturelles publiées en ligne par les entreprises qu'elles ont l'intention d'acquérir, elles auraient dû recourir à des outils de relations publiques appropriés ou à une stratégie de résolution des conflits pour minimiser les échecs. D'autres auteurs soulignent que les politiques de ressources humaines (RH), menées par les entreprises multinationales au niveau de leurs filiales dispersées à travers le monde, avaient tendance à générer une dialectique « globale-locale ». Cette dernière s'illustre par le besoin d'adapter la norme élaborée au niveau central aux politiques de gestion locales et au besoin de ménager les politiques et pratiques de RH de la filiale qui demeuraient sensibles aux normes et traditions du contexte national (Larsson *et al.*, 2001 ; Kemal e Sahid, 2012 ; Rezende *et al.,* 2013 ; Bittencourt et Silva, 2016 ; Jordão *et al.,* 2014 et 2016 ; Lee, Kim et Park, 2015 ; Kedia et Reddy, 2016 ; Yang *et al.*, 2018). Un autre problème lié à la gestion des ressources humaines est posé lorsque des entreprises, objet de fusions, ont des formes de gestion et d'organisation préalablement distinctes. Dans ces conditions, on assiste souvent à l'interruption des projets de carrières individuelles par la voie licenciements, ou encore à une limitation des possibilités d'avancement et à d'autres changements générateurs de résistance.

Pour savoir ce que les *leaders* doivent faire pour faire face aux facteurs socioculturels et politico-économiques dérivés des F&A et pour déterminer le rôle de la comptabilité durant la période de post-acquisition, plusieurs auteurs soulignent que le processus décisionnel en matière d'internationalisation était suffisamment étudié, particulièrement dans la littérature portant sur la stratégie et le commerce international (Hassan, Chidlow, et Romero-Martínez, 2016 ; Lin, 2014 ; Yildiz, 2016 ; Dutta, Malhotra, et Zhu, 2016 et Puhakka, 2017). Pour les entreprises dont les performances sont en dessous de leurs aspirations, on remarque qu'elles opèrent par une internationalisation rapide, de grande envergure et inégale, car elles sont motivées par l'accroissement de leurs opportunités. Tout se passe comme si c'était une réponse face à l'écart entre leurs performances réelles et leurs aspirations. Pour leur part, les décideurs évaluent le niveau de performance en comparant le niveau d'aspiration, qui est influencé par les performances passées de l'entreprise, à celui des performances des concurrents. Une performance réelle inférieure au niveau d'aspiration déclenche une demande problématique et une réévaluation des décisions d'investissement de l'entreprise, car cette basse performance peut indiquer une mauvaise adaptation. Souvent, la comptabilité agit au cœur de la formation et de la réforme de la vie organisationnelle au cours de la prise de conscience *ex ante* et *ex post* de l'acquisition. Angwin et Meadows (2015) et Bauer *et al.* (2016, 2018) soutiennent ce point de vue.

Selon Ruth, Iyer et Sharp (2013), les motivations et les compétences dans la décision d'acquisition sont dues aux performances de l'entreprise qui dépendent en partie de sa capacité à innover. Par conséquent, de faibles performances en matière d'innovation peuvent accroître la motivation des dirigeants à combler l'écart. La solution pour obtenir des innovations à l'extérieur de l'organisation peut passer par l'acquisition d'une autre entreprise. A ce titre, ces auteurs constatent que l'activité d'acquisition augmente au fur et à mesure que l'écart entre les objectifs et les réalisations en termes de performances était comblé. Dans le même contexte, Hoffmann, Vieira et Menezes (2017) et Pessanha *et al.* (2012) associent la motivation des F&A à l'entrée ou à l'accès à de nouveaux marchés, à l'augmentation de la part de marché, à la création d'un monopole, à la génération de synergies, à l'acquisition de connaissances et de technologies, aux avantages fiscaux, à la réduction des risques et à la stabilité du système.

Concernant les effets résultant des fusions sur le marché des capitaux, la littérature financière affirme que la qualité des actifs est un facteur déterminant dans la performance des institutions financières (González-Campo et Vargas, 2014 et Pessanha *et al.,* 2012). Cette qualité peut générer le besoin de créer des provisions pour couvrir les risques de crédit. Elle réduira, en revanche la capacité de générer des revenus pour ces institutions. Dans le même ordre d'idées, la théorie des F&A stipule que l'une des principales raisons des transactions était celle d'optimiser la composition du portefeuille d'actifs, ce qui permet aux entreprises de se débarrasser des actifs non rentables. Dans le même contexte, Romano et Almeida (2015) ont affirmé que les effets sur le marché des capitaux qui se sont produits avant, pendant et après la fusion entre deux sociétés financières, annoncée le 19 mai 2009 au Brésil, ont produit des résultats extraordinaires positifs aussi bien pour la société acquise, que pour l'acquérant, sachant que, comparativement, les résultats de la société acquise ont été plus élevés. Sarmiento et Mutis (2018), Yasuhara (2012) et Giron *et al.* (2019) suggèrent la nécessité d'un examen plus approfondi de la réglementation basée sur la restriction de la taille, de la concentration et du pouvoir des grandes sociétés financières en établissant et en fixant un plafond (une valeur absolue pour le nombre d'actifs qu'une banque peut avoir), ajusté annuellement en fonction de l'inflation pour la période, tout en fixant un pourcentage spécifique du PIB du pays qui ne peut être dépassé par la valeur des actifs d'une banque.

En ce qui concerne les F&A transfrontalières qui augmentent la performance du marché à court terme, Tao *et al.* (2017) affirment que les actionnaires des entreprises chinoises qui acquièrent une entreprise dans un pays d'accueil présentant un faible niveau de risque politique obtiennent des rendements cumulés anormalement plus élevés que les entreprises qui ciblent des entreprises dans des pays présentant un niveau de risque politique élevé.

En ce qui concerne les déterminants spécifiques d'un pays en matière de F&A, Xie, Reddy et Liang, (2017) et Changqi et Ningling (2010) affirment que les résultats des F&A internationales dépendent au moins de deux facteurs. Premièrement, ils dépendent de l'environnement externe, comme la croissance économique et le degré de concurrence dans le pays d'origine, ainsi que les changements dans l'environnement politique et culturel du pays d'accueil. Deuxièmement, ils dépendent des ressources et des capacités de l'entreprise acquéreuse. Ainsi, ils mettent en évidence certains déterminants tels que le fait que la performance des F&A internationales des entreprises chinoises était affectée aussi bien par sa performance avant l'acquisition que par le flux de trésorerie disponible, par les actions de l'État et par l'âge de l'organisation. Par ailleurs, les entreprises peuvent tirer des leçons de leur histoire et des expériences des autres entreprises. Duncan et Mtar (2006), quant à eux, soulignent qu'une faible intégration peut produire des avantages significatifs et que ces avantages étaient également obtenus lorsqu'une intégration plus poussée est conservée en tant qu'option pour l'avenir, en vue de créer davantage de valeur. L'impact de l'adéquation culturelle sur les performances de l'acquisition dépend du niveau d'intégration adopté. La capacité de l'acquéreur à tirer des enseignements de ses expériences antérieures est essentielle pour garantir une gestion réussie des différentes phases de l'acquisition.

Selon Yang *et al.* (2019), les médias fournissent des informations pertinentes pour la performance des F&A. Il y a, par conséquent, un effet d'influence sur la richesse des actionnaires. Les auteurs soulignent qu'une attitude favorable des médias, avant l'annonce d'une fusion, a un pouvoir prédictif sur le rendement des actions à court et à long terme. En revanche, une opinions négative divulguées par les médias est associé à des primes d'offre plus élevées, ce qui signifie que les acquéreurs doivent augmenter le prix de l'offre pour compenser les effets négatifs produits par les médias.

CONCLUSION

La crise financière mondiale de 2008 a remis l'accent sur la compréhension de la manière dont les entreprises gèrent leur stratégie en réponse à des changements radicaux de l'environnement. Une crise économique peut entraîner des baisses importantes et imprévisibles du niveau de la demande (Cerrato, Alessandri et Depperu, 2016) et modifier considérablement le niveau des ressources disponibles. Les entreprises peuvent réagir à l'adversité économique en prenant davantage de risques et non en les réduisant. Par exemple, il a été démontré qu'une plus grande marge de manœuvre organisationnelle peut favoriser l'innovation en période de faible performance ou de ralentissement économique. En outre, les entreprises qui sont davantage tournées vers l'extérieur peuvent être mieux placées pour saisir les opportunités du marché.

Les défis posés par les pandémies de coronavirus (COVID-19) sont sans précédent, non seulement en Europe, mais dans le monde entier. Plus encore, ils posent des défis immédiats concernant le système de santé, l'environnement social et le domaine économique, ce qui a de profondes implications pour les personnes vivant et travaillant dans le monde entier (Martins, 2020). Quelques mois après l'apparition du virus COVID-19 en Europe, des millions de travailleurs se sont retrouvés au chômage, ont été licenciés temporairement ou ont vu leur temps de travail réduit, tandis que des entreprises ont fermé leurs portes, beaucoup d'entre-elles ne sachant pas si elles rouvriraient (Eurofound, 2021). La Commission européenne et les États membres de l'UE ont donc lancé des fonds de relance et mis en œuvre plusieurs initiatives importantes pour atténuer l'impact économique et social de la pandémie COVID-19, comme le plan de relance et de résilience, entre autres, afin d'éviter de prendre encore plus de retard.

Malgré ces initiatives gouvernementales, nous assistons à une nouvelle vague de F&A pour sauver une économie emprunte d'instabilité. Il faut espérer toutefois que les entreprises aient tiré les leçons des erreurs commises lors des précédentes crises financières et auxquelles les F&A ont donné lieu.

Pour savoir ce que doivent faire les entreprises pour prévenir et surmonter les difficultés liées à la crise économique mondiale imminente résultant de la pandémie de COVID-19 et prédire si les F&A constituent une solution viable pour leur survie, on est en mesure d'affirmer que les entreprises utilisent les F&A comme une réponse à la crise économique, comme le montre l'article d'opinion publié le 2 août 2021, sur le magazine en ligne *advocatus* par Pedro Carvalho qui affirme qu'en moyenne 40 F&A ont lieu quotidiennement en Europe, alors que selon les données de l'Institut des fusions, acquisitions et alliances (IMAA), le nombre total des F&A aurait dépassé 14 500 (pour un montant de l'ordre de 650 milliards d'euros). Selon le Business Journal, publié le 31 juillet 2021, Sonae, l'une des plus grandes entreprises portugaises, vend 24,99 % des supermarchés de la marque *Continente* pour 528 millions d'euros au géant mondial CVC. Ce partenariat fait partie de la stratégie de gestion active de son portefeuille, portant la capitalisation de Sonae MC à environ 2,4 milliards d'euros.

Pour que les entreprises réussissent leur processus de F&A, leurs dirigeants doivent garder à l'esprit les critères suivants :

- analyser et évaluer le type de fusion et d'acquisition souhaité et celui qui convient le mieux à l'entreprise ;
- procéder à une évaluation comptable poussée ;

- tenir compte des expériences précédentes ;
- prendre en compte les différences culturelles et organisationnelles ;
- prêter attention aux attentes en matière de ressources humaines.

Finalement, on souhaite souligner que ce document présente de sérieuses limites en raison de la rareté de la littérature concernant la problématique des F&A en temps de crise, particulièrement durant la Covid-19. Pour des études plus approfondies, on suggère d'étudier les effets des F&A dans le monde entier, car le comportement des entreprises dans les pays développés peut diverger de celui des entreprises dans les pays en développement, vu la manière dont ces économies émergentes ont fait face à la crise financière (Ibeh et Makhmadshoev, 2018 ; Iyer *et al.*, 2018).

RÉFÉRENCES

Ahammad Mohammad Faisal, Shlomo Yedidia Tarba, Yipeng Liu, Keith W. Glaister, *et al.* (2016), "Exploring the Factors Influencing the Negotiation Process in Cross-Border M&A", *International Business Review*, Vol. 25, Issue 2, p. 445–57.

Ahammad Mohammad Faisal and Glaister Keith W. (2013), "The Pre-Acquisition Evaluation of Target Firms and Cross Border Acquisition Performance." *International Business Review*, Vol. 22, Issue 5, p. 894-904.

Ahammad Mohammad Faisal, Shlomo Yedidia Tarba, Yipeng Liu, and Glaister Keith W. (2016), "Knowledge Transfer and Cross-Border Acquisition Performance: The Impact of Cultural Distance and Employee Retention", International Business Review, Vol. 25, Issue 1, p. 66-75.

Ahmad M. F. and Lambert T. (2019), "Collective bargaining and mergers and acquisitions activity around the world", *Journal of Banking & Finance*, No 99, p. 21-44.

Angwin Duncan N. and Meadows (2015), "New Integration Strategies for Post-Acquisition Management", *Long Range Planning* Maureen, Vol. 48, Issue 4, p. 235-251.

Bauer Florian *et al.* (2018), "Examining Links between Pre and Post M&A Value Creation Mechanisms – Exploitation, Exploration and Ambidexterity in Central European SMEs.", *Long Range Planning*, Vol. 51, Issue 2, p. 185-203.

Bauer Florian, Mai Anh Dao, Kurt Matzler, and Shlomo Y. Tarba (2017), "How Industry Lifecycle Sets Boundary Conditions for M&A Integration", *Long Range Planning*, Vol. 50, Issue 4, p. 501-517.

Bauer Florian, King David, and Matzler Kurt (2016), "Speed of Acquisition Integration: Separating the Role of Human and Task Integration", *Scandinavian Journal of Management*, Vol. 32, Issue 3, p. 150-165.

Bauer Florian, Matzler Kurt, and Wolf Stefan (2016), "M&A and Innovation: The Role of Integration and Cultural Differences – A Central European Targets Perspective", *International Business Review*, VoL 25, Issue 1, p. 76-86.

Bergmann D. R., Savoia J. R. F., de Melo Souza B. and de Mariz F. (2015), "Avaliação dos Processos de Fusões e Aquisições no setor Bancário Brasileiro por meio de Estudo de Eventos", *Revista Brasileira de Gestão de Negócios-RBGN*, Vol. 17, Issue 56, p. 1105-1115.

Bittencourt João Paulo and Silva Givanildo (2016), "Implementação de Um Centro de Serviços Compartilhados de Recursos Humanos: Estratégia de Uma Multinacional Brasileira Em Contexto de Fusão", *Internext*, Vol. 11, Issue 2, p. 81-93.

Bortoluzzo Adriana Bruscato, de Siqueira Garcia Maria Pia, Boehe Dirk Michael and Hsia Hua Sheng (2014), "Desempenho de Fusões e Aquisições Cross Border: Análise Empírica Do Caso Brasileiro", *Revista de Administração de Empresas*, Vol. 54, Issue 6, p. 659–671.

Brueller N. N., Carmeli A. and Drori I. (2014), "How do different types of mergers and acquisitions facilitate strategic agility?", *California Management Review*, Vol. 56, Issue 3, p. 39-57.

Burke Helen (2021), "Living and working in Europe 2020", *Eurofound*, https://www.eurofound.europa.eu/publications/annual-report/2021/living-and-working-in- europe-2020>

Camargos Marcos Antonio de and Vidal Barbosa Francisco (2009), "Fusões e Aquisições de Empresas Brasileiras: Criação de Valor e Sinergias Operacionais", *Revista de Administração de Empresas*, Vol. 49, Issue 2, p. 206-220.

Camargos Marcos Antonio de and Vidal Barbosa F. (2015), "Eficiência informacional do mercado de capitais brasileiro em anúncios de fusões e aquisições", *Production,* Vol. 25, Issue 3, p. 571-584.

Camargos Marcos Antônio, and Roberto Minadeo (2007), "Aquisições Na Aviação Civil Brasileira: Uma Análise Da Trajetória Da Gol E Da Varig Até a Sua Aquisição", *Revista Eletrônica Gestão e Sociedade*, p. 1-30.

Cerrato Daniele, Todd Alessandri and Depperu Donatella (2016), "Economic Crisis, Acquisitions, and Firm Performance", *Long Range Planning*, Vol. 49, Issue 2, p. 171-185.

Chalençon Ludivine, Colovic Ana, Lamotte Olivier and Mayrhofer Ulrike (2017), "Reputation, E-Reputation, and Value-Creation of Mergers and Acquisitions", *International Studies of Management & Organization*, No 47, p. 4-22.

Changqi Wu and Xie Ningling (2010), "Determinants of Cross-Border Merger & Acquisition Performance of Chinese Enterprises", *Procedia - Social and Behavioral Sciences,* Vol. 2, Issue 5, p. 6896–6905.

Cho Hyejin and He Soung Ahn (2017), "Stock Payment and the Effects of Institutional and Cultural Differences: A Study of Shareholder Value Creation in Cross-Border M&As", *International Business Review*, Vol. 26, Issue 3, p. 461-475.

Cortés Lina M., García John J. and Agudelo David (2015), "Effects of Mergers and Acquisitions on Shareholder Wealth: Event Study for Latin American Airlines", *Latin American Business Review*, Vol. 16, Issue 3, p. 205- 226.

da Motta L. F. J., de Oliveira P. V. C., Cavazotte F. D. S. C. N., Figueiredo A. C. and Klotzle M. C. (2013), "Criação de valor em fusões e aquisições brasileiras", *Revista de Administração FACES Journal*, Vol. 12, Issue 4.

Dikova Desislava and Padma Rao Sahib (2013), "Is Cultural Distance a Bane or a Boon for Cross-Border Acquisition Performance?" *Journal of World Business*, Vol. 48, Issue 1, p. 77-86.

Dolz Consuelo and Iborra María (2014), "Antecedentes y Dinamismo de La Ambidestreza Organizativa En Las Pymes 1", *Scielo.*

Duncan Catriona and Mtar Monia (2006), "Determinants of International Acquisition Success:", *European Management Journal*, Vol. 24, Issue 6, p. 396–410.

Dutta Dev K., Shavin Malhotra and Peng Cheng Zhu (2016), "Internationalization Process, Impact of Slack Resources, and Role of the CEO: The Duality of Structure and Agency in Evolution of Cross-Border Acquisition Decisions", *Journal of World Business*, Vol. 51, Issue 2, p. 212-225.

Dutta S., Saadi S., Zhu P. (2013), "Does payment method matter in cross-border acquisitions?", *International Review of Economics & Finance*, Vol. 25, p. 91-107.

Girón A., Meireles M., Reyes A. (2019), "Concentración bancaria y reorganización financiera: España y Portugal en la post-crisis. Revista de Economía institucional", Vol. 21, Issue 40, p. 185-205.

González-campo, Hernán Carlos and Vargas Guillermo Murillo (2014), "Cambio Institucional y Organizacional En El Sector Financiero Colombiano: 1990-2010", p. 27-42.

Gunkel Marjaana, Schlaegel Christopher, Tobias Rossteutscher and Wolff Birgitta (2015), "The Human Aspect of Cross-Border Acquisition Outcomes: The Role of Management Practices, Employee Emotions, and National Culture", *International Business Review*, Vol. 24, Issue 3, p. 394-408.

Hassan Ibne, Chidlow Agnieszka and Romero-Martínez Ana M. (2016), "Selection, Valuation and Performance Assessment: Are These Truly Inter-Linked within the M&A Transactions?", *International Business Review*, Vol. 25, Issue 1, p. 255-266.

Hoffmann Valmir Emil, Pires Vieira Daniel and La Croix Maluf de Menezes Kim (2017), "Tipos, Setores, Nacionalidade e Experiência: O Que Importa Para o Sucesso Das Estratégias De Fusão e Aquisição?" *Revista Ibero-Americana de Estratégia*, Vol. 16, Issue 1, p. 22-37.

Ibeh Kevin and Makhmadshoev Dilshod (2018), "Post-Acquisition Integration Behavior of Nascent African Multinational Enterprises", *Journal of Business Research*, No. 93, March, p. 255-267.

Iyer Dinesh N. *et al.* (2018), "The Triggers of Local and Distant Search: Relative Magnitude and Persistence in Explaining Acquisition Relatedness", *Long Range Planning*, February 2017, p. 1-18.

Jordão Ricardo Vinícius Dias, Teixeira Melo Victor Luiz, Mafra Pereira Frederico Cesar and Baroni de Carvalho Pessanha (2017), "Intellectual Capital in Mergers and Acquisitions: A Case Study in a World-Class Financial Institution", *Revista de Administração*, Vol. 52, Issue 3, p. 268-284.

Jordão Ricardo Vinícius Dias, Souza Antônio Artur, and Avelar Ewerton Alex (2014), "Organizational Culture and Post-Acquisition Changes in Management Control Systems: An Analysis of a Successful Brazilian Case", *Journal of Business Research*, Vol. 67, Issue 4, p. 542-549.

Kedia Ben L., and Reddy Rama Krishna, (2016), "Language and Cross-Border Acquisitions: An Exploratory Study", *International Business Review*, Vol. 25, Issue 6, p. 1321-1332.

Kemal M., Shahid S. (2012), Global, Business, and Management "Mergers, Acquisitions and Downsizing: Evidence from a Financial Sector", *An International Journal*, Vol. 4, Issue 1, p. 112-122.

Larsson Rikard, Driver Michael, Holmqvist Mikael and Sweet Patrick (2001), "Career Dis-Integration and Re-Integration in Mergers and Acquisitions: Managing Competence and Motivational Intangibles", *European Management Journal*, Vol. 19, Issue 6, p. 609-618.

Lau Raymond Y K and Liao Stephen S Y *et al.* (2012), "W 2.0 Environmental Scanning AdaptiveDecision Support for Business Mergers and Acquisitions", *MIS Quarterly*, Vol. 36, Issue 4, p. 1239-1268.

Lee Sung Jun, Joongwha Kim, and Byung Il Park (2015), "Culture Clashes in Cross-Border Mergers and Acquisitions: A Case Study of Sweden's Volvo and South Korea's Samsung", *International Business Review*, Vol. 24, Issue 4, p. 580-593.

Li Jiatao, Peixin Li, and Baolian Wang (2016), "Do Cross-Border Acquisitions Create Value? Evidence from Overseas Acquisitions by Chinese Firms", *International Business Review*, Vol. 25, Issue 2, p. 471-483.

Lin Wen Ting (2014), "How Do Managers Decide on Internationalization Processes? The Role of Organizational Slack and Performance Feedback", *Journal of World Business*, Vol. 49, Issue 3, p. 396-408.

Martins Chandra (2020), "The impact of COVID-19 on Portuguese Public Services: Ministry of Justice" – *Jus e civitas A Journal of Social and Legal Studies*, Vol VII (LXXI).

Minadeo Roberto (2018), "Mergers And Acquisitions: Overview And Case Studies Analyzed By The Weisbach Model (1993)", p. 589-602.

Olcay G. A., Öner, M. A. & Olcay A. B. (2019), "A conceptual view of exergy destruction in mergers and acquisitions", *Technological Forecasting and Social Change*, No 143, p. 336-352.

Perera Luiz Carlos Jacob and Borges Kerr Roberto (2009), "Caso RIPASA (Venda e Ajuste Com Minoritários)", *RAC Revista de Administração Contemporânea*, Vol. 13, Issue 2, p. 1-17.

Pessanha G. R. G., Calegario C. L. L., Safadi T. and De Azara L. N. (2012), "Impactos das estratégias de fusão e aquisição na rentabilidade dos bancos adquirentes: uma aplicação dos modelos de intervenção no setor bancário brasileiro", *RAM, REV. ADM. Mackenzie*, Vol. 13, Issue 5, p. 101-134.

Pires MG and Marcondes RC (2017), "Relevant Factors in The Post-Merger Systems Integration and Information Technology in Brazilian Banks", *Brazilian Business Review*, p. 160-181.

Puhakka Hannu (2017), "The Role of Accounting in Making Sense of Post-Acquisition Integration" *Scandinavian Journal of Management*, Vol. 33, Issue 1, p. 12-22.

Redor Etienne (2016), "Board Attributes and Shareholder Wealth in Mergers and Acquisitions: A Survey of the Literature", *Journal of Mangement & Governance*, Vol. 20, Issue 4, No 6, p. 789-821,
https://econpapers.repec.org/article/kapjmgtgv/v_3a20_3ay_3a2016_3ai_3a4_3ad_3a10.1007_5fs10997-015-9328-y.htm>

Rezende S., Fernando L., Vinhas F. J., França, Versiani A., & Oliveira, G.L. (2013), "The Non-Economic Dimension of Changes Prompted by Cross-Border Acquisitions: A Relational View",

Revista de Administração Contemporânea, Vol. 17, Issue 4, p. 479-498.

Romano Patricia and Vinicio Almeida (2015), "Análise Dos Efeitos Em Mercado de Capitais Decorrentes de Fusões: O Caso BRF S.A.", *RAC - Revista de Administração Contemporânea*, Vol. 19, Issue 5, p. 606-625.

Rosenberg G., Fonseca M.G.D. and d'Avila L.A. (2010), "Análise Comparativa da Concentração Industrial e de Turnover da Indústria Farmacêutica No Brasil Para Os Segmentos de Medicamentos de Marca e Genéricos", *Economia e Sociedade*, Vol. 19, Issue 2, p. 107-134.

Ruth Derek, Iyer Dinesh N. and Sharp Barton M. (2013), "Motivation and Ability in the Decision to Acquire", *Journal of Business Research*, Vol. 66, Issue 11, p. 2287-2293.

Sales Augusto Cesar Silva and Tulio Fundão Zanini Marco (2017), "Investigating the Deal Making Failure in M&ampA: Deal Makers' Perspective in Brazil", *Revista de Administração*, Vol. 52, Issue 4, p. 467-478.

Sarmiento M., Mutis H., Cepeda A. & Pérez J. F. (2018), "Impacto de las fusiones y adquisiciones en la eficiencia de la banca en Colombia", *Revista de Economía Institucional*, Vol. 20, Issue 38, p. 157-183.S.

Schosser Maximilian and Wittmer Andreas (2015), "Cost and Revenue Synergies in Airline Mergers - Examining Geographical Differences", *Journal of Air Transport Management*, No 47, p. 142-153.

Siqueira Paulo Henrique de Lima and Gonzaga de Castro Junior Luiz (2010), "Fusões e Aquisições DasUnidades Produtivas e Da Agroindústria de Cana-de-Açúcar No Brasil e Nas Distribuidoras de Álcool Hidratado Etílico", *Revista de Economia e Sociologia Rural*, Vol. 48, Issue 4, p. 709-735.

Tao Fang, Xiaohui Liu, Lan Gao and Enjun Xia (2017), "Do Cross-Border Mergers and Acquisitions Increase Short-Term Market Performance? The Case of Chinese Firms", *International Business Review*, Vol. 26 , Issue 1, p. 189-202.

Toigo L. A. & Hein N. (2017), "Desempenho das companhias pós-fusões e aquisições mensurado pelos filtros de Graham", *Revista Catarinense da Ciência Contábil*, Vol. 16, Issue 49, p. 34-50.

Xie En, K. S. Reddy and Jie Liang (2017), "Country-Specific Determinants of Cross-Border Mergers and Acquisitions: A Comprehensive Review and Future Research Directions", *Journal of World Business*, Vol. 52, Issue 2, p. 127-183.

Yang B., Sun J., Guo J. M. & Fu J. (2019), "Can financial media sentiment predict merger and acquisition performance?", *Economic Modelling*, No 80, p. 121-129.

Yasuhara Tsuyoshi (2012), "Inestabilidad Financiera En América Latina Desde La Perspectiva Kaleckiana y Minskyana", *Problemas del Desarrollo*, Vol. 44, Issue 172, p. 9-27.

Yildiz H. Emre (2016), "'Us vs. Them' or 'Us over Them'? On the Roles of Similarity and Status in M&As", *International Business Review*, Vol. 25, Issue 1, p. 51-65.

Yildiz H. Emre (2014), "Not All Differences Are the Same: Dual Roles of Status and Cultural Distance in Sociocultural Integration in Cross-Border M&As", *Journal of International Management*, Vol. 20, Issue 1, p. 25-37, http://dx.doi.org/10.1016/j.intman.2013.03.014

L'accompagnement entrepreneurial des étudiants dans un contexte de crise sanitaire : une expérience innovante

Peyroux, Catherine
Laboratoire Corhis, Université Paul Valéry Montpellier

ABSTRACT

The Covid-19 health crisis has upset the teaching practices of universities. It has also made more difficult to support student with an entrepreneurial project. It has impacted the activity of the PEPITE poles, Student Poles for Innovation, Transfer and Entrepreneurship, both from the point of view of raising awareness of the Entrepreneurial Spirit and of supporting projects. This health crisis emerged even though the PEPITE were called upon as a part of an entrepreneurial Spirit development plan launched in May 2019 by Ms F. Vidal, Minister of Higher Education and Research. Faced with this double institutional and health challenge, how did the PEPITE respond? How did they transform a constraint (the need to manage activities at a distance) into an opportunity for educational innovation? Based on the concrete case of PEPITE in the Languedoc- Roussillon territory, it's a critical look at distance support that will be carried out, thus helping to revisit entrepreneurial support practices and enrich this field of academic research.

RESUME

La crise sanitaire liée à la Covid 19 a bouleversé les pratiques pédagogiques des universités. Elle a aussi rendu plus difficile l'accompagnement des étudiants ayant un projet entrepreneurial. Elle a impacté l'activité des pôles PEPITE, Pôles Etudiants pour l'Innovation, le Transfert et l'Entrepreneuriat tant du point de vue de la sensibilisation à l'Esprit d'Entreprendre que de l'accompagnement des projets. Cette crise sanitaire est apparue alors même que les PEPITE étaient sollicités dans le cadre d'un plan de développement de l'Esprit d'Entreprendre lancé en mai 2019 par Mme F. Vidal, Ministre de l'Enseignement Supérieur et de la Recherche. Confrontée à ce double défi institutionnel et sanitaire, comment les PEPITE ont– ils répondu ? Comment ont-ils transformé une contrainte (nécessité de gérer les activités en distanciel) en une opportunité d'innovation pédagogique ? A partir du cas concret du PEPITE du territoire du Languedoc-Roussillon c'est un regard critique sur l'accompagnement à distance qui sera mené, contribuant ainsi à revisiter les pratiques d'accompagnement entrepreneurial et à enrichir ce champ de recherche académique.

Keywords: **Pandemic crisis, Pedagogical practices, Universities, Student entrepreneurship, Nugget**

Mots-clé : **crise pandémique, pratiques pédagogiques, universités, entrepreneuriat étudiant, pépite**

JEL Classification : **A23, I10, L26, M00, M13**

INTRODUCTION

La crise sanitaire liée à la Covid-19 a bouleversé les pratiques pédagogiques des universités. En France, sur une période de treize mois impactant deux années universitaires, le monde universitaire a connu trois confinements, une activité pédagogique largement organisée à distance et la raréfaction des regroupements d'étudiants. Cela a eu des effets sur les activités classiques d'enseignement, les activités de recherche et les pratiques d'échange lors des colloques, conférences et autres manifestations scientifiques. Cela a aussi eu des conséquences sur l'activité d'accompagnement des étudiants porteurs d'un projet entrepreneurial. Cette activité est en développement croissant au sein des établissements universitaires avec notamment la création en 2014 des Pôles Etudiants Pour l'Innovation, le Transfert et l'Entrepreneuriat

(PEPITE) par Geneviève Fioraso, ministre de l'Enseignement supérieur et de la Recherche de l'époque.

L'enjeu était de développer pour le public étudiants une culture et une formation entrepreneuriales ainsi qu'un accompagnement dans leur projet de création d'activités. La mission des PEPITE a été redéfinie dans le cadre du plan Esprit d'Entreprendre lancée par Madame la Ministre Frédéric Vidal en mai 2019 et confirmée lors de l'Appel à Projets Esprit d'Entreprendre du ministère de l'Enseignement Supérieur de la Recherche et de l'Innovation (MESRI) pour la période 2021/22 qui a suivi. Cette mission s'articule autour de deux axes :

- le développement de la sensibilisation généralisée à l'Esprit d'Entreprendre de façon que chaque étudiant puisse avoir connaissance des diverses formes d'entrepreneuriat et qu'il puisse appréhender la posture entrepreneuriale afin de mieux réussir dans ses études et la préparation de son projet professionnel ;
- l'inscription de l'accompagnement des étudiants entrepreneurs dans le cadre d'une démarche qualité résumé dans le Référentiel qualité du Label PEPITE 2021-22.

Alors même que les attentes à l'égard de l'activité des PEPITE augmentent fortement de la part du Ministère mais aussi des autres parties prenantes (Établissements, Région, Métropole, Incubateurs et autres acteurs de l'écosystème entrepreneurial), le contexte sanitaire de crise lié à la Covid-19 transforme les objectifs stratégiques des PEPITES en véritables défis à relever.

Cette recherche analyse la réponse des PEPITE confrontés à ce double défi institutionnel et sanitaire. Comment un accompagnement de qualité a-t-il pu être maintenu dans le contexte de crise sanitaire alors même que le distanciel est imposé ? Cela implique d'analyser le passage en distanciel afin d'appréhender d'éventuelle modifications des pratiques d'accompagnement tant du point de vue du contenu que de la méthode et de la relation accompagnant/accompagné. Il s'agit d'analyser si les PEPITE ont transformé une contrainte, la nécessité de gérer les activités en distanciel, en une opportunité d'innovation pédagogique.

Ce questionnement mené dans le cadre du dispositif d'accompagnement d'étudiant entrepreneur vient en fait éclairer un questionnement plus général sur l'accompagnement de porteurs de projet dans un contexte de crise. Il contribue à enrichir le champ de la recherche en accompagnement entrepreneurial en focalisant sur un public spécifique, celui des étudiants, et à un stade précoce d'accompagnement parfois qualifié de pré-incubation.

L'article exploite le cas du PEPITE de la région Occitanie Est, Ex Languedoc-Roussillon. À partir de l'analyse des actions menées dans cette période de crise c'est un regard critique sur l'accompagnement à distance qui est proposé, contribuant ainsi à revisiter les pratiques d'accompagnement entrepreneurial et à enrichir ce champ de recherche académique.

LE CONTEXTE DE LA RECHERCHE

La recherche en accompagnement entrepreneurial s'est considérablement étoffée au cours des dix dernières années et depuis le numéro spécial de la Revue de l'Entrepreneuriat consacré à ce champ (Chabaud, Messeghem et Sammut, 2010b). Si dans un premier temps, les recherches se sont intéressées à la performance des incubateurs et autres structures d'accompagnement, le processus d'incubation a ensuite été étudié dans sa diversité. Notre recherche s'articule avec les travaux soulignant l'importance de spécifier l'accompagnement et même de l'individualiser selon le profil des porteurs de projet, ce qui est réalisé dans le cadre du dispositif PEPITE ciblé sur le public étudiant en phase de pré-incubation, mais confronté aux défis de la crise sanitaire et d'un accompagnement de qualité.

DE L'IMPORTANCE D'UN ACCOMPAGNEMENT CENTRE SUR L'INDIVIDU

Selon Chabaud, Messeghem et Sammut (2010a), la recherche francophone en accompagnement entrepreneurial met davantage l'accent sur les individus et les formes d'accompagnement que sur les structures d'accompagnement plus étudiées dans le monde scientifique anglophone. Elle souligne et étudie en profondeur la diversité des acteurs de l'accompagnement (Hackett et Dilts, 2004) tant du point de vue des publics accompagnés que des structures d'accompagnement. Dans cette logique, les recherches se sont intéressées à la diversité des formes d'accompagnement, afin de s'adapter non seulement au public mais aussi à l'état d'avancement du projet : pré incubation, création de nouvelles activités, croissance, internationalisation d'activités ou reprise par exemple. Ainsi les structures s'adaptent au besoin d'accompagnement (Messeghem, Sammut, Chabaud, Carrier et Thurik, 2013). On peut ainsi observer une certaine segmentation du marché de l'accompagnement.

La segmentation repose sur la nature des projets plus ou moins innovants ou en lien avec l'activité des chambres consulaires (agriculture, métiers et artisanat, commerce et industrie), le profil des porteurs de projet notamment lors de l'accompagnement par des pairs (réseau Entreprendre ou association de femmes entrepreneurs par exemple) ou la phase du processus entrepreneurial (pré-incubation, incubation, croissance, reprise à titre d'illustration). L'enjeu est de proposer un accompagnement adapté à la spécificité du porteur (Nakara et Fayolle, 2012) et du projet.

Les recherches sur les performances de l'accompagnement entrepreneurial soulignent l'importance de la relation accompagnant / accompagné. Au-delà de la transmission de savoirs, connaissances et outils, la dimension psychologique est importante. Comme le note Valeau (2019) dans une relation d'accompagnement qui s'apparente à une relation d'aide, l'accompagnant aide le porteur de projet à dépasser ses doutes et ses craintes pour devenir entrepreneur.

Le rôle de la confiance dans l'accompagnant, particulièrement lors des périodes de doutes du porteur de projet, est un élément qui conditionne la perception de la qualité de l'accompagnement. Jaouen, Loup et Sammut (2006) distinguent la confiance contrainte, imposée d'une certaine façon à l'accompagné, et la confiance partagée, qui se construit au fil de l'accompagnement et de la progression du projet.

Cependant, les travaux de recherche montrent aussi l'importance de l'intégration du porteur de projet dans l'écosystème. L'intérêt de l'accompagnement par une structure spécialisée est justement d'offrir au porteur de projet cette insertion dans l'écosystème et de le sortir de son isolement. Il contribue au développement d'un capital social (Davidsson et Honig, 2003).

L'accompagnement permet au porteur de projet de développer son capital social, d'être mis en réseau avec ses partenaires et autres acteurs de l'écosystème.

Nous retenons de ce détour par la littérature deux dimensions pour notre recherche :

- l'importance d'un accompagnement centré sur l'individu, particulièrement dans ses dimensions psychologiques en période de doute,

- la nécessité de sortir de l'isolement les porteurs de projet et de les intégrer dans un écosystème entrepreneurial.

Cela concerne toutes les formes d'accompagnement et plus particulièrement les étudiants qui souhaitent entreprendre alors même qu'ils sont encore en phase de formation.

DE LA SPECIFICITE DE L'ACCOMPAGNEMENT DES ETUDIANTS ENTREPRENEURS (EE)

Le ministère de l'Enseignement supérieur français développe, depuis 2014, à travers la création des PEPITE une politique d'accompagnement des étudiants à la création d'entreprise. Il s'agit là d'un accompagnement spécifique du fait du public concerné, des étudiants encore en phase de formation, et de la phase d'accompagnement au cours de laquelle les PEPITE interviennent, la pré-incubation. Cela implique un accompagnement privilégiant la dimension savoir-être.

Les recherches sur l'accompagnement entrepreneurial du public étudiant restent à ce jour encore en émergence. Pourtant dès 2015, Delanoé-Gueguen notait la spécificité de ce public. Les étudiants (ou les jeunes diplômés) envisagent un projet d'entreprendre lorsqu'ils sont encore en formation (ou récemment diplômés), sans expérience professionnelle. Ils sont pour la plupart encore en phase d'idéation et souvent encore hésitant sur leur avenir professionnel. Ces étudiants entrepreneurs (EE), selon cet auteur, sont confrontés à un handicap à la nouveauté, reprenant le concept de Stinchcombe (1996) en partie lié à un déficit de légitimité. Sur ce point, l'accompagnement va aider ce jeune porteur de projet à développer sa légitimité (Messeghem et Sammut, 2010) et son capital social.

Les étudiants sont de plus en plus nombreux à envisager l'entrepreneuriat comme voie d'insertion professionnelle. Ces étudiants de la génération Y y voit l'opportunité d'avoir un travail en adéquation avec leurs valeurs, de donner du sens à leur activité, voir même avec l'attrait de la gamification, apprendre en s'amusant. Concilier vie privée et vie professionnelle est une motivation forte associée à l'envie de liberté. Selon l'étude menée par Beghain (2019) en Belgique, les dimensions sociale (importance de la relation de travail) et symbolique (possibilité de développement personnel, capacité à s'épanouir au travail, sentiment de réussite, utilité sociale …)

du travail dominent les attentes professionnelles des étudiants entrepreneurs, alors que la dimension instrumentale (attentes matérielles comme la rémunération ou la sécurité de l'emploi) est peu présente. Son enquête auprès d'EE d'une école supérieure de Belgique permet de retrouver les caractéristiques de cette génération d'étudiants mettant en avant des valeurs professionnelles telle la liberté dans le travail, la prise de responsabilités, la reconnaissance publique, le travail en équipe, faire ce que l'on aime et aimer ce que l'on fait, l'utilité, l'épanouissement personnel, la réalisation personnelle, le contact humain.

L'accompagnement de ce public spécifique intervient très en amont de l'accompagnement ou incubation classique dans une phase que l'on qualifie parfois de pré-incubation. Schmidt (2018) distingue deux types de projet : les projets à l'état gazeux et les projets cristallisés. Souvent les étudiants sollicitant un accompagnement proposent des projets relevant de la première catégorie et nécessitant une aide à la construction de sens, en liant intentionnalité du porteur, contenu du projet et écosystème. L'accompagnant, en position maïeutique et de facilitateur, aide à la formulation du projet en cohérence avec le profil du porteur de projet et son écosystème. Plus rares sont les projets à l'état de cristallisation nécessitant un accompagnement à plus fort contenu d'expertise (juridique, commerciale, ...).

Pour Schmidt, l'accompagnement des étudiants est centré sur le fait d'être entreprenant et vise plus à se créer une expérience entrepreneuriale qu'à créer. La création n'est alors que la conséquence possible d'un processus de développement de compétences entrepreneuriales qui peut déboucher sur d'autres formes d'activités professionnelles (l'intrapreneuriat ou le salariat classique par exemple).

Compte tenu à la fois du public et de la phase du processus d'accompagnement en amont, l'accompagnement d'EE combine formation et développement de savoir–être. Dans son rôle de facilitateur, l'accompagnant selon Schmidt doit chercher à favoriser plus la posture entrepreneuriale que le projet ; il est facilitateur et focalisé sur la vision et l'intentionnalité de l'accompagné. Son intervention mobilise des compétences plus psychologiques que d'expertise.

Cette dimension psychologique de l'accompagnement est exacerbée dans le contexte de crise sanitaire.

DEVELOPPEMENT DE COMPETENCES ENTREPRENEURIALES DANS UN CONTEXTE DE CRISE SANITAIRE

La crise du Covid 19 a mis à l'arrêt un certain nombre de secteurs et conduit les autres à adopter brutalement un fonctionnement à distance. C'est le cas des activités à la fois de formation et d'accompagnement. Alors même que le face à face était considéré comme l'élément essentiel de la relation formateur / formé et accompagnant /accompagné celui-ci s'efface physiquement au profit d'une relation intermédiée via les outils digitaux.

La nécessité de mettre en place du distanciel et d'utiliser les outils digitaux a bousculé les habitudes de fonctionnement or pourtant l'évolution était déjà enclenchée. Ainsi dès 2019 et avant même la crise du Covid, des chercheurs (Bornard, Frugier, Michel et Toutain, 2019) notaient (sur la base d'une enquête réalisée lors du Salon Procréa 2019, salon annuel des professionnels de l'accompagnement entrepreneurial) que la transformation du monde du travail et celle induite par le digital conduisaient à des transformations des pratiques d'accompagnement.

Le digital apporte selon ces auteurs à la fois des ressources pour l'accompagné telles l'accès à l'information et des méthodes pour l'accompagnant (accès à des outils facilité). Cela permettrait d'accélérer le montage du projet. Nous laisserons ici de côté les conséquences sur la concurrence à travers le développement d'une offre d'accompagnement dématérialisée et largement automatisée. Si les ressources et outils sont partagés et facilement accessibles, l'enjeu de l'accompagnement réside alors dans la qualité de la relation accompagnant/accompagné qui se noue. Pour Bornard, Frugier, Michel et Toutain (2019), l'accompagnant devient « l'artisan collaborateur dans l'édification progressive du savoir et de l'expertise du porteur de projet ». En conséquence, il met à disposition de l'accompagnant non seulement des informations, des connaissances et un réseau et il aide l'accompagné à développer des compétences entrepreneuriales.

En situation de crise sanitaire et de distance entre l'accompagnant et l'accompagné, ce rôle collaboratif ou facilitateur plus que transmetteur d'information et d'outils prend toute sa place. Il s'inscrit dans une relation individualisée où l'accompagnant mobilise des compétences en termes de savoir–être, relationnelles et émotionnelles, en complément des compétences techniques relatives au projet entrepreneurial. Pour Persson et Bayad (2007), l'accompagnement s'inscrit dans une relation communicationnelle et dans un processus récursif. Ces auteurs se référant à Piaget parlent d'« accommodation » cad de transformation des schèmes d'action et de pensée pour s'adapter à une situation nouvelle. Ces auteurs insistent sur l'importance des interactions et des rétroactions dans le processus d'apprentissage. On peut s'interroger sur l'impact du passage au distanciel. Ne les compromet-il pas ?

Sur le plan de l'insertion dans un réseau de l'accompagné, celle-ci n'est-elle pas compromise par la généralisation du distanciel aux diverses activités sociales de type table ronde, concours et autres événements entrepreneuriaux ? C'est là un enjeu important pour la création du capital social du porteur de projet. Le défi est alors de maintenir un accompagnement centré sur l'individu tout en favorisant l'insertion dans une communauté d'EE et un écosystème entrepreneurial.

METHODOLOGIE DE LA RECHERCHE

La recherche s'est focalisée sur un PEPITE accompagnant des EE au profil très divers. Cette recherche est de type recherche–action. Elle a permis d'identifier les pratiques d'accompagnement à distance qui ont été mises en place lors de la crise sanitaire à la fois sur la base d'une observation participante et d'entretiens réalisés avec l'équipe d'accompagnants.

UNE RECHERCHE FOCALISEE SUR UN PEPITE

L'étude porte sur un PEPITE dont une des missions est d'accompagner des EE, l'autre étant de développer des actions de sensibilisation à l'Esprit d'Entreprise des étudiants. Ce pôle accompagne chaque année environ 350 étudiants sous Statut National Etudiant Entrepreneur dont 50 sont inscrits au Diplôme Etudiant Entrepreneur (D2E). En nombre d'EE ainsi qu'en personnel 10 personnes dont 5 dédiées plus spécifiquement à l'accompagnement entrepreneurial), il fait partie des PEPITE les plus importants.

Le public d'étudiants accompagnés est réparti sur 5 départements mais de façon inégale. On note une forte concentration des EE dans un département. Dans une moindre mesure, les étudiants sont aussi issus de deux autres départements. Où qu'ils soient situés sur le territoire, les EE ont accès à une offre d'accompagnement comparable.

Les étudiants bénéficiant du SNEE ont accès à des cours, ateliers, rendez-vous de suivi, un espace de coworking. Pour les étudiants inscrits au D2E, souvent plus avancés et plus disponibles pour leur projet entrepreneurial, ils bénéficient d'un double coaching individualisé de 2 fois 10 h avec un coach enseignant et un coach issu de l'écosystème entrepreneurial. Ils participent à deux séminaires collectifs, l'un en début d'année, l'autre à mi-parcours. C'est pour eux l'opportunité de confronter leur projet aux autres étudiants mais aussi aux acteurs de l'écosystème entrepreneurial qui y participent.

L'équipe composée de 5 chargés de mission salariés du PEPITE accompagne régulièrement, lors de RV, les EE et assurent des ateliers en petit collectif. Ils interviennent en tant que facilitateur. Ils testent et confortent l'intentionnalité entrepreneuriale des étudiants, les conseillant et les orientant dans leurs rendez-vous professionnels en s'adaptant au profil du porteur de projet. En effet, les étudiants proviennent des différentes filières de formation aussi bien en sciences dures qu'en sciences humaines et sociales, en première année comme en doctorant. Ils s'engagent dans le projet seul ou en équipe.

UNE METHODOLOGIE CONSTRUCTIVISTE POUR UNE RECHERCHE ACTION

Cette recherche est de nature qualitative. Elle se fonde sur l'analyse des pratiques d'un PEPITE représentatif des problématiques d'accompagnement en distanciel du public étudiant dans un contexte relativement normalisé. En effet, la charte qualité des PEPITE que labellise cette structure la contraint à respecter des critères tant du point de vue des procédures que du contenu de l'accompagnement.

Ainsi, des comités d'engagement respectant des contraintes de forme (constitution du jury, fiche de présence, compte rendu aux candidats, motivations des refus ...) doivent être mis en œuvre. Concernant le contenu, un nombre minimum de RV d'accompagnement pour les étudiants sous SNEE (3) et pour les étudiants inscrits au D2E (5) doit être assuré. Au-delà des spécificités propres au territoire couvert par chaque PEPITE, la structure étudiée se doit de répondre à un standard d'accompagnement défini par la charte qualité d'accompagnement des PEPITE du ministère de l'Enseignement Supérieur.

Cette recherche traite d'un problème concret rencontré par l'équipe d'accompagnants : comment maintenir un accompagnement de qualité dans le contexte de crise et alors même que le distanciel est imposé ? De façon empirique, des réponses ont été apportées. Une analyse des pratiques adoptées est réalisée. Elles sont rapprochées des conclusions issues de la littérature sur l'accompagnement entrepreneurial.

La recherche revisite les points de vue scientifiques sur l'accompagnement entrepreneurial dans un contexte de crise. En ce sens, elle est de nature constructiviste et pourrait s'apparenter à une recherche ingéniérique (Chanal, Lesca, Martinet, 1997). Dans ce cadre, le chercheur analyse empiriquement une situation de gestion où « des participants sont réunis, et doivent accomplir, dans un temps déterminé, une action collective conduisant à un résultat soumis à un jugement externe ".

La recherche relève de la catégorie recherche-action. En effet, elle exploite des interactions très étroites et nombreuses entre le chercheur et le terrain (Argyris., 1985 ; Cappelletti et Noguera, 2007). Elle s'appuie sur des échanges réguliers et nombreux avec les intervenants sur le terrain et repose sur une très bonne connaissance du terrain par le chercheur du fait de périodes fréquentes et régulières d'immersion dans la structure. Tout ceci permet de comprendre les pratiques, de les analyser et de les modéliser afin d'aboutir à des recommandations.

METHODOLOGIE DE COLLECTE DES DONNEES

Les analyses ont pu être menées en couplant observation participante et enquête auprès de l'équipe d'accompagnants. Le chercheur est immergé dans la structure, participant à la résolution de problèmes et étant lui-même accompagnant d'étudiants entrepreneurs en D2E. Il est à la fois observateur et acteur de l'accompagnement. Il peut ainsi observer les pratiques et apprécier les changements mis en œuvre.

En complément des observations réalisées lors de l'immersion sur le terrain, une enquête a été réalisée auprès de l'équipe d'accompagnants. Quatre chargés de mission du PEPITE ont ainsi pu être interrogés. Ils ont en charge, en 2021-2022, l'accompagnement de 200 étudiants sous SNEE répartis sur l'ensemble des 5 départements, comprenant 4 universités et diverses grandes écoles, et de 42 étudiants inscrits au D2E. Leur action est complétée par l'intervention d'experts et de coachs issus du monde académique et de l'entrepreneuriat.

L'enquête aborde les thématiques suivantes :

- le porteur de projet : évolution de ses motivations, son intentionnalité, son degré d'isolement, ses difficultés,
- la progression des projets,
- la relation accompagnant/accompagné : éloignement, mesures nouvelles,
- les pratiques d'accompagnement,
- l'insertion dans l'écosystème.

Elle vise à permettre d'établir un état des lieux à partir des perceptions des accompagnants et à appréhender l'évolution des pratiques d'accompagnement, alors même que la situation de crise affecte particulièrement la dimension psychologique du soutien apporté aux étudiants entrepreneurs.

À partir de la littérature et en intégrant le contexte de crise sanitaire nous testons deux hypothèses de recherche :

- H1 : L'accompagnement à distance a entrainé des modifications dans la forme de l'accompagnement

- H2 : La dimension psychologique de l'accompagnement a été renforcée

RESULTATS ET DISCUSSION

Dans cette partie, après un état de la situation à partir des perceptions des accompagnants et une identification des pratiques et méthodes d'accompagnement mises en œuvre, ces éléments seront discutés.

ETAT DE LA SITUATION

L'étude a permis d'appréhender l'état d'esprit des EE à partir des perceptions des accompagnants qui en fonction ont adapté leur accompagnement. Les EE en cette période de crise, apparaissent moins motivés globalement que les années précédentes ou ont rencontré des baisses de motivation. Pour autant leur intention d'entreprendre reste équivalente. Ils sont un peu plus en difficultés par rapport à leur projet et surtout plus isolés.

Les EE ont modifié leur comportement. Ils recherchent moins les collaborations et se sont repliés sur un travail plus individuel. Ils recherchent moins l'aide des accompagnants qui doivent les solliciter davantage.

Les interactions, à la demande des étudiants, sont plus rares. Les accompagnants ont dû les mobiliser sur l'ensemble de l'offre, pour participer aux cours comme aux ateliers. Les étudiants-entrepreneurs en difficultés osent moins solliciter leurs coachs ou les accompagnants de PEPITE que lors d'une année sans COVID. Par ailleurs, les EE collaborent moins entre eux.

En définitif, les accompagnants s'accordent sur les propositions suivantes :

- ils ont appris de la crise et leurs pratiques futures en bénéficieront,
- le soutien psychologique aux EE a dû être renforcé,

- les contacts avec les acteurs de l'écosystème ont été plus difficiles à initier pour les EE.

Malgré ce contexte, les projets ont progressé comme chaque année. La qualité des propositions de valeur des porteurs de projet s'est améliorée.

L'élément déterminant reste l'isolement de l'étudiant. Constaté dans les faits en lien direct avec le confinement celui-ci est à la fois physique et psychique.

ACTIONS ENGAGEES

En réponse à cette situation perçue, les accompagnants ont modifié leurs pratiques tant du point de vue du suivi des EE et des échanges que du contenu.

De nouvelles actions ont été engagées. Elles sont différentes des pratiques habituelles tant du point de vue de la forme que du fond.

Sur la forme, l'ensemble des activités a été basculé en distanciel. Cela concerne les cours qui contribuent à renforcer les connaissances et compétences techniques des étudiants, les ateliers dont le format petit groupe en présence d'un expert de la thématique favorise l'échange et la résolution de problèmes précis, les afters qui suscitent les échanges entre mentors expérimentés et étudiants et aident à la création du capital relationnel. L'accompagnement a lui aussi basculé à distance tant dans sa forme collective (organisation de séminaires) qu'individuelle (rendez-vous accompagnant/accompagné).

Les rendez-vous ont été renforcés. De nouveaux ateliers ont été organisés en lien avec la problématique du distanciel ou de l'idéation par exemple. Dans les faits, l'offre en format ateliers, animés par les accompagnants PEPITE, a été démultipliée afin de renforcer l'accompagnement tout en suscitant un dynamique au sein d'un petit groupe d'étudiants.

Des ressources externes au PEPITE ont été proposées aux EE. De plus, les accompagnants se sont tournées vers leurs collègues des autres PEPITE et de nombreux échanges d'expérience ont été initiées, renforçant ainsi les pratiques collaboratives au sein de la communauté des PEPITE.

Sur le plan du contenu, l'accompagnement a été renforcé dans sa dimension psychologique. Les chargés de mission ont organisé des RV téléphoniques ou en visio, 3 minimum pour les étudiants sous SNEE, et un suivi précis des RV de coaching (10 par étudiants inscrits au D2E). Les RV ont été resserrés et pour certains étudiants ils ont permis de les rassurer. Une partie de l'entretien est consacré à la situation personnelle de l'étudiant et est utilisé pour remotiver l'étudiant. Cependant, du fait de l'utilisation de la visio, la relation de confiance a été plus difficile à établir et les accompagnants se sont sentis plus éloignés des EE. Sur le plan du contenu, des outils plus nombreux ont été proposés aux EE.

La communication relative aux événements de l'écosystème qui ont pu être maintenus a été régulièrement réalisée, comme cela été fait au préalable. Il est difficile d'en apprécier l'impact sur le comportement des étudiants mais le ressenti reste cependant que les étudiants concentrés sur leurs difficultés d'apprentissage universitaire ont un peu moins répondu présent.

DISCUSSION

La crise sanitaire a imposé des adaptations rapides liées à l'obligation d'utiliser les outils numériques du fait du distanciel. Les temps de préparation des outils pédagogiques ont été réduits. Les EE ont dû changer leurs habitudes et s'habituer rapidement à ces nouveaux usages. Ils ont fait preuve de capacité d'adaptation, une qualité importante pour un futur entrepreneur.

Au cours de cette longue période de crise couvrant la totalité de l'année universitaire 2020-21, les pratiques des acteurs accompagnants et accompagnés ont bénéficié de mécanismes d'apprentissage de l'accompagnement à distance. Le résultat a été un formidable bond dans l'utilisation des outils digitaux collaboratifs confirmant notre première hypothèse. Il y a eu une accélération des évolutions conduisant les accompagnants à tester des solutions qui continueront à être utilisées. En effet, elles ont montré leur intérêt pour un accompagnement d'étudiants dispersés sur le territoire. De ce fait, l'accompagnement a bénéficié de cette expérience contrainte.

L'innovation induite a porté sur la forme. L'utilisation des outils numériques et collaboratifs tels Zoom ou Slack s'est généralisée. D'autres plateformes moins connues ont pu être testées. C'est le cas de WorkAdventure, une plateforme qui permet de créer des espaces d'échanges et d'interactions en petits groupes. Ces outils sont venus enrichir l'accompagnement en tête à tête.

Pour les accompagnés, l'apprentissage d'outils collaboratifs se révèle important pour leur futur professionnel et les relations avec leurs partenaires. Le gain de temps généré par le distanciel et des correspondants plus facilement disponibles compensent le manque d'interaction lié à la médiatisation par le numérique.

Au niveau du fond, les contenus liés aux expertises entrepreneuriales (étude de marché, dimensions juridiques, comptables et financières ...) ont été maintenus. Le changement est surtout marqué dans la dimension psychologique de l'accompagnement, confirmant la deuxième hypothèse. Les chargés de mission qui craignaient, et constataient aussi, un découragement d'étudiants plus isolés dans cette période de crise ont renforcé le suivi. Ils ont multiplié les rendez-vous téléphoniques cherchant à recréer du lien alors même que la distance s'installait. De ce fait, ils ont adopté une attitude qui correspondant aux exigences de la situation sanitaire mais aussi des engagements de la charte qualité car le suivi a été renforcé.

Les outils numériques ont été utilisés pour réduire la distance qui s'installait. La priorité a été de sortir l'EE de l'isolement alors même que dans cette phase amont du processus d'accompagnement que constitue la pré-incubation, les environnements de formation et familiaux ne sont pas forcément aidant. Cela renforce, l'importance d'un accompagnement qui contribue à la construction d'une légitimité. Ce besoin est augmenté par la situation de crise et la période de doute. Pour l'EE, se sentir légitime et être reconnu comme tel renforce ses motivations et a un impact sur son intentionnalité d'entreprendre L'accompagnement contribue à cette légitimité comme les travaux de Messeghem et Sammut (2010) l'ont montré.

Dans un contexte où le doute s'installe, le renforcement du soutien psychologique s'est révélé nécessaire afin de limiter le taux d'abandon. Le doute fait partie intégrante du processus entrepreneurial mais il est aggravé en période de crise majeure telle la Covid 19 et alors-même que l'entreprise n'est pas encore créée. Pourtant, la persévérance est une caractéristique de l'entrepreneur et en situation de crise elle permet d'identifier les profils les plus entrepreneuriaux. Alors même que l'investissement dans le projet reste plus immatériel que matériel et financier, la volonté de poursuivre le projet est plus forte que la nécessité. L'accompagnement psychologique prend le pas sur l'accompagnement technico-économiques comme déjà souligné par P. Valéo (2006) concluant que les difficultés font partie du processus entrepreneurial et apprendre à les dépasser fait partie intégrale du processus d'apprentissage. C'est aussi un moyen pour le porteur de projet de confirmer ou pas sa vocation entrepreneuriale. Plus encore qu'en situation normale, la crise sanitaire a souligné encore davantage l'importance de la dimension psychologique de l'accompagnement, particulièrement dans la phase de pré-incubation et pour un public d'étudiants encore hésitants par rapport à leur devenir professionnel. Comme le mettait en évidence Ferry (2018), il faut accompagner une intention et une posture entrepreneuriales plus qu'un projet.

Sur la dimension insertion dans l'écosystème qui constitue à la fois une valeur ajoutée forte de l'accompagnement et un facteur de réussite du projet, cela est apparu plus difficile à développer. Les partenaires étant fortement préoccupés par leur propre situation, ils se sont concentrés sur leurs difficultés. De nombreux événements permettant de générer des rencontres et contacts ont été annulés. Ceux maintenus à distance ne permettaient pas une interaction suffisante alors même que les étudiants entrepreneurs venaient découvrir cet environnement et se retrouvaient en situation d'observateurs.

Quand l'initiative relevait du PEPITE et de ses accompagnants, des actions de renforcement du lien avec les accompagnés ont pu être menées. Lorsque celles-ci dépendaient des partenaires, elles ont été moins fréquentes. Cela souligne les limites de l'action d'accompagnement au-delà de son périmètre direct d'intervention. L'accompagnement est dépendant de l'investissement des partenaires.

CONCLUSION

Cette étude a été réalisée dans le cadre d'une structure d'accompagnement d'étudiants en phase très amont de création d'entreprise, phase d'idéation souvent ou de pré-incubation. Elle a permis, dans ce contexte d'accompagnement entrepreneurial spécifique, d'identifier les pratiques mises en œuvre alors même que le contexte de crise sanitaire est générateur de doutes pour les porteurs de projet et déstabilisant pour les accompagnants. Les outils et méthodes d'accompagnement à distance testées seront en partie reconduites dans un contexte normal. Il y aura bien un avant et un après Covid 19 du fait des apprentissages.

L'étude a permis de souligner l'importance dans le contexte spécifique de pré-incubation et de doutes, conformément aux travaux sur l'accompagnement, l'importance et la difficulté de rompre l'isolement de l'accompagné. Elle a souligné les difficultés d'une insertion dans l'écosystème, nécessaire mais plus délicate.

La recherche a été menée alors même que la crise se déroulait et que le processus d'accompagnement des EE n'était pas terminé. Les premiers résultats sont à confirmer avec un bilan de fin d'année de l'accompagnement et en élargissant l'étude aux EE et aux coachs qui ont aussi participé à l'accompagnement. D'autres structures pourraient être intégrées dans le périmètre de la recherche. Cette étude permet de souligner les dimensions importantes d'un accompagnement en situation de crise sanitaire d'un public en phase de pré-incubation et contribue sur le plan théorique à enrichir l'étude de la phase de pré-incubation. Sur le plan pratique, l'analyse des ajustements dans l'accompagnement concerne bien des structures d'accompagnement au-delà des PEPITE.

Cette période de crise aura permis d'initier dans l'urgence de nouvelles pratiques qui finalement vont enrichir l'accompagnement. Pour autant, l'intention d'entreprendre des étudiants est restée forte.

REFERENCES

Argyris C., Putnam R. et McLain Smith D. (1985), *Action Science*: Concepts, Methods, and Skills for Research and Intervention, San Franciso, Jossey-Bass, 480 p.

Bakkali C., Messeghem K. et Sammut S. (2010), « Les structures d'accompagnement à la création d'entreprise à l'heure de la gestion des compétences », *Management & Avenir*, 9(39), p. 149-162.

Beghain V. (2019), « Être étudiant entrepreneur : un levier vers l'entrepreneuriat ? Une étude de cas auprès d'étudiants entrepreneurs au sein d'écoles entrepreneuriales en Wallonie », *Dynamiques régionales*, Vol. 1, Issue 7, p. 57-76.

Bornard F., Frugier D., Michel D.A. et Toutain O. (2019), « Accompagnement entrepreneurial : le point de bascule », *Entreprendre & Innover*, vol. 1, n° 40, p. 77- 93.

Cappelletti L. et Noguera F. (2007), *Research methods in Management Consulting*, MC Doctoral Student Consortium, Academy of Management, Philadelphia.

Chabaud D., Messeghem K. et Sammut S. (2010 a), « L'accompagnement entrepreneurial ou l'émergence d'un nouveau champ de recherche », *Gestion 2000*, vol. 27, n° 3, p. 15-24.

Chabaud D., Messeghem K. et Sammut S. (2010 b), « Vers de nouvelles formes d'accompagnement ? », *Revue de l'Entrepreneuriat*, Vol. 9, n° 2, p. 1-5.

Chanal V., Lesca H., Martinet A.C. (1997), « Vers une ingénierie de la recherche en sciences de Gestion », *Revue Française de Gestion*, n° 116, p. 41-51.

Davidsson P. et Honig B. (2003), « The role of social and human capital among nascent entrepreneurs », *Journal of Business Venturing*, Vol. 18, No 3, p. 301-331.

Delanoe-Guegen S. (2015), « Les étudiants : un accompagnement particulier pour des entrepreneurs particuliers », *Entreprendre & Innover*, vol. 3, n°26, p. 18-26.

Ferry A. (2018), *L'accompagnement entrepreneurial : la métamorphose des accompagnateurs en facilitateurs*, [Thèse de doctorat, CNAM Paris].

Hackett S. et Dilts D. (2004), "A systematic review of business incubation research", *The journal of technology transfer*, Vol. 29, No 1, p. 55-82.

Jaouen A., Loup S. et Sammut S. (2006), « Accompagnement par les pairs, confiance partagée et résilience : illustration au travers du cas Voiles d'Oc », *Revue de l'entrepreneuriat*, vol. 5, n° 1, p. 59-72.

Léger-Jarniou C. et Saporta B. (2006), « L'accompagnement en situation entrepreneuriale : pertinence ou cohérence », *Revue de l'Entrepreneuriat*, vol. 5, n° 1, p. 9-12.

Messeghem K. et Sammut S. (2010), « Accompagnement du créateur : de l'isolement à la recherche de légitimité », *Revue de l'Entrepreneuriat*, vol. 9, n° 1, p. 82 -107.

Messeghem K., Sammut S., Chabaud D., Carrier C. et Thurik R. (2013), « L'accompagnement entrepreneurial, une industrie en quête de leviers de performance ? », *Management International*, vol. 17, n° 3, p. 65-71.

Nakara W. et Fayolle A. (2012), « Les « bad » pratiques d'accompagnement à la création d'entreprise : le cas des entrepreneurs par nécessité », *Revue française de gestion*, n° 9-10, p. 231-251.

Persson S. et Bayad M. (2007), « L'accompagnement des porteurs de projets par le coaching entrepreneurial », *Revue internationale de psychosociologie*, vol. 3, n° 31, p. 147-168.

Sammut S. (2003), « L'accompagnement de la jeune entreprise », *Revue française de gestion*, vol. 3, n° 144, p. 153-164.

Schmidt C. (2018), « L'accompagnement entrepreneurial : favoriser l'expérience des étudiants-entrepreneurs », in J. P. Boissin, *Guide des Bonnes Pratiques des Pôles Etudiants Pour l'Innovation, le Transfert et l'Entrepreneuriat*, PEPITE, FNEGE, p. 153-161.

Stinchcombe A. L. (1965), Social structure and organizations in *J.P. March, Handbook of Organizations*, Chicago, Rand McNally, p. 142-193.

Valéau P. (2006), « L'accompagnement des entrepreneurs durant les périodes de doute », *Revue de l'entrepreneuriat*, vol. 5, n° 1, p. 31-57.

A SEVENTY-YEAR PEACE IN EUROPE ATTACKED BY AN INVISIBLE ENEMY: THE EU-27 RESPONDS TO THE FIRST TWO WAVES OF COVID-19 PANDEMIC

Šuplata, Marian
Matej Bel University Banská Bystrica
Lacová, Žaneta
Matej Bel University Banská Bystrica

ABSTRACT

Since 2019/2020 the EU-27 as well as most countries worldwide have been facing sudden and continuous inflows of so-called Coronavirus Disease (COVID-19). The origin and details of this disease, that is significantly influencing national and world economies, trade, international relations and daily lives of individuals, companies and states, remains unclear. The aim of the paper is threefold. First, to outline the dynamics of the events that led to early and respective developments (in consecutive two waves) of the COVID-19 pandemics between March 2020 and May 2021 in the world with particular focus on the EU. Second, to identify the impact of the disease on the EU27 Member States and reactions by the EU27 governments (focused on fiscal policy measures). Third, to identify the (complementary) measures and actions taken on the EU level as well as macroeconomic consequences of COVID-19 pandemic at the EU27 Member States. The paper uses the most up-to date available qualitative or/and quantitative information from secondary sources, alternatively adding inside view(s) from the national or/and supranational institutions.

RESUME

Depuis 2019/2020, l'UE-27 ainsi que la plupart des pays sont confrontés à un afflux soudain et continu de ce qu'on appelle la maladie à coronavirus (COVID-19). L'origine et les détails de cette maladie, qui influence de manière significative l'économie nationale et mondiale, le commerce, les relations internationales et la vie quotidienne des individus, des entreprises et des États, restent flous. L'objectif de l'article est triple. Tout d'abord, décrire la dynamique des événements qui, dans le monde, ont conduit au démarrage, aux développements précoces et respectifs (en deux vagues consécutives) des pandémies de COVID-19 entre mars 2020 et mai 2021, en mettant particulièrement l'accent sur l´UE. Deuxièmement, identifier l'impact de la maladie sur les États membres de l'UE-27 et les réactions des gouvernements de l'UE-27 (axés sur les mesures de politique budgétaire). Troisièmement, identifier les mesures et actions (complémentaires) prises au niveau de l'UE ainsi que les conséquences macroéconomiques de la pandémie de COVID-19 dans les États membres de l'UE-27. Le document utilise les informations qualitatives ou/et quantitatives provenant de sources secondaires, en ajoutant des vues internes des institutions nationales ou/et supranationales.

Keywords: COVID-19; Economics, Economic Growth; Fiscal policy; European Union.

Mots-clés : COVID-19, science économique, croissance économique, politique budgétaire, Union européenne

JEL Classification: I10, B22, H12, K34, N14

INTRODUCTION

Coronavirus disease 2019 (COVID-19) "is defined as illness caused by a novel coronavirus called severe acute respiratory syndrome coronavirus 2 (SARS-CoV-2; formerly called 2019-nCoV), which was first identified amid an outbreak of respiratory illness cases in Wuhan City, Hubei Province, China." (Cennimo, 2020, p. 1). According to WHO data as on 21 June 2021: "globally on 18 June 2021, there have been 177 108 695 confirmed cases of COVID-19, including 3 840 223 deaths, reported to WHO. As of 20 June

2021, a total of 2 412 226 768 vaccine doses have been administered". (WHO, 2021) Despite the first and second wave of the illness seem to be over, all these numbers are still at daily increase.

Theories of the origin of the COVID-19 virus vary and are not subject of unanimous perception. However, they generally agree on connecting the origin of the disease to a Chinese city Wuhan, where it emerged as the first in 2019, as often interpreted, probably from a Seafood Market, having the origin of the virus transmitted from a bat. The various perception and an interpretation of an origin of the virus has among other issues had geopolitical consequences, most notably having significant impact on US-China relations. As underlined by Troster-Kublboc (2020, p. 1), "The global spread of COVID-19 represents a massive challenge for developing countries". The abbreviation of the disease (COVID-19) was coined by the World Health Organisation (WHO) in February 2021. The first known person with COVID-19 symptoms was reported to be ill in December 2019 (Cohen, 2020). The first dead persons were reported in the first weeks of the January 2020 in Wuhan.

Objectives and research method

The objective of the paper is threefold. First, to briefly outline the dynamics of the events that led early and respective recognition of the COVID-19 pandemics, during the first two waves of pandemics, taking place in the reference period between March 2020 and May 2021 with focus on the EU. Second, to identify the impact of the disease on the EU-27 Member States and reactions by the EU-27 governments (focused on fiscal policy measures). Third, to identify the (complementary) measures and actions taken on the EU level as well as main macroeconomic impacts one the EU-27. Based on secondary analysis we divided the research to select the key aspects of the researched area, leading to examination of the cause as well as the developments and main consequences of the researched phenomenon. By application of the method of synthesis we focused on the dynamics of relations and circumstances related to the first two waves of COVID-19 pandemic with particular focus on the EU-27 Member States. The paper is based on the most up-to date available qualitative or/and quantitative information from secondary sources (International Labour Organisation (ILO), International Monetary Fund (IMF), European Commission, European Council, National ministries of EU Member States together with inside view(s) from national or/and supranational institutions.

COVID-19 IMPACTS THE EU-27 MEMBER STATES

From the societal point of view, the pandemic has in global terms, ultimately resulted in an unprecedented economic and social downturn with significant panic and general shortage of food and medical equipment and immediate and strict hygienic regulations (surgical masks, later respirators FFP2 proposed as a more efficient instrument to prevent the disease).

In the EU State Members, the first cases of COVID-19 appeared in January 2020. The most dramatic impacts were reported in Italy, especially in the northern regions followed by Spain, France and gradually all Member States. All EU member states reported COVID-19 cases by 9 March 2020: France, Germany, Spain, Sweden and Italy in January, followed by Belgium, Austria, Bulgaria, Croatia, Greece, Romania, Netherlands, Denmark, Estonia, Finland, Lithuania, Luxembourg and Ireland in February and finally by the Czech Republic, Portugal, Latvia, Poland, Slovenia, Hungary, Slovakia, Malta and Cyprus in Cyprus (compare table 1with chronologic dates with first case occurrence in all EU-27

Member States). This was the beginning of the so called "first wave of pandemics" which has been on a rising trend from March 2020.

Table 1. First cases of COVID-19 symptoms in EU- 27 Member States

FR 24/1	GER 27/1	ES 31/1	SW 31/1	IT 31/1	BE 4/2	AT 8/2	BG 8/2	CRO 25/2
GR 26/2	RO 26/2	NE 27/2	DK 27/2	EST 27/2	FIN 28/2	LIT 28/2	LU 29/2	IRL 29/2
CZ 1/3	PT 2/3	LAT 2/3	PL 4/3	SL 4/3	HU 4/3	SK 6/3	MT 7/3	CY 9/3
First wave, COUNTRY/DAY/MONTH of 2020 sorted in chronological order: January, February, March 2020								

Source: Own processing, based on data from IMF, European Commission and national authorities.

By 13 March 2020, based on the number of cases which exceeded the number in China, WHO started to consider Europe to be the center of pandemics COVID-19 (Nebehay, 2020).

The developments of COVID-19 pandemics have had and continue to have drastic impacts on EU27 Member States in all societal areas, including economics and healthcare system as probably the most medially pronounced. As underlined by Tamesberger and Bacher (2020, p. 232) "*The spread of the coronavirus has made economic conditions difficult in many economic areas and has led to skyrocketing youth unemployment in most European countries", estimating the rise of youth unemployment in the world from 2,8 million to 4,8 million, increasing to 26 %*".

In EU Member states the measures taken from March 2020 onwards were as follows: school closure, self-isolation; social distancing and events ban. The strictest measure was a lock-down (or repeated lock-downs) for a period which in most cases in the EU took place in March, in November and in December (three lock-downs) 2020. "*By 18 March 2020, more than 250 million were lockdown in Europe.*" (Henley, 2020). Picture 1 illustratively shows distribution of COVID-19 cases in EU/EEA and the UK as on 14 April 2020.

Picture 1. Distribution of covid-19 cased in EU/EEA and the UK as on April 14th, 2020

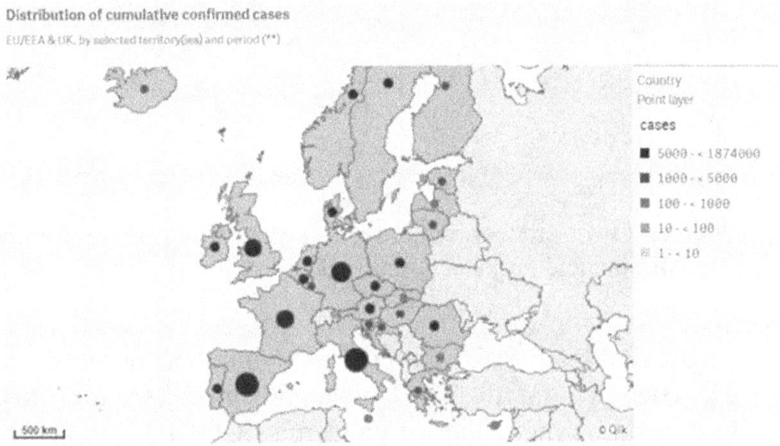

Source: European Data Portal, Europa, 2021.

The emergence and development of pandemics had also significant negative influence on the public perception of institutions. As underlined by *Eurobarometer* (2021) the overall trust in institutions has declined because of COVID-19 crisis. In some member states (especially Germany and Austria) the perception of the role of EU institutions is negative. However, citizens in most EU countries have still more negative perceptions of their national institutions than of EU institutions.

Governments and media underlined the necessity to fight COVID-19 by vaccination and faced criticism by some social media and some politicians that warned against possible "danger of massive vaccination based on quickly invented vaccines" and tried to discourage people from accepting massive vaccination as the only way to "freedom" or "the only alternative" to combat COVID-19. The question and actual willingness to be vaccinated differs from country to country as well as the satisfaction of vaccines distribution on EU or on national levels. As revealed by the latest report by the Oxford University research, conducted between 11 March 2021 and 6 April 2021 in the EU 27 Member States – citizens of these states are dissatisfied with the distribution of COVID-19 vaccines – see graph 1 (*Eurobarometer*, 2021). As further revealed by the survey, senior people are more critical of the way the European Commission has handled the procurement and distribution of vaccines (*Eurobarometer*, 2021). Whereas Germans are the most negative, citizens from Spain and the Netherlands are the most positive. Edelman Trust Barometer 2021, based on surveys conducted in 14 countries, points out to "*widespread mistrust of societal institutions and leaders around the world*". (*Eurobarometer*, 2021).

Graph 1. Citizens of EU 27 Member States responding to the question: "How do you think the European Commission has handled the procurement and distribution of COVID-19 vaccines?"

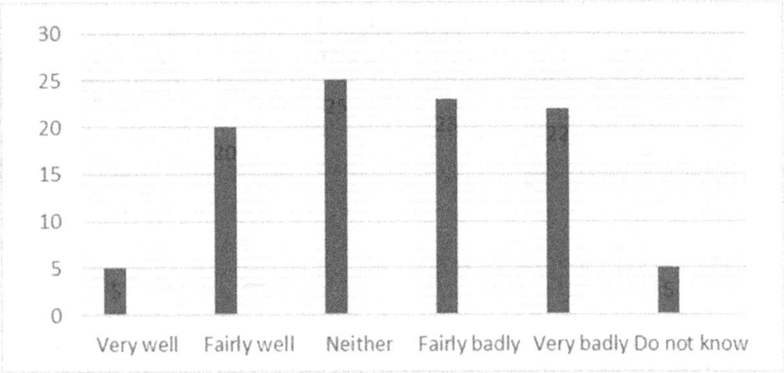

Source: Eurobarometer, 2021 and own processing.

To the question: "*How likely or unlikely is it that you will take the COVID-19 vaccine when it becomes available to you*" EU27, in average around 50% of citizens responded they were very likely to be vaccinated. Generally, respondents of 35-49 years old were with 29% more negative than younger (26%) and older (27%) age groups. The least averse towards vaccination were students (13%) employed people (26%) or retired people (23%). On the other hand, more aversion to vaccination was shown by unemployed people (39%), full time homemakers (33%) and people with a long-term disability (39%). There seems to be a strong relation between vaccine aversion and the source of (social) media the respondents prefer. Those using traditional media sources (press, radio, television) as their primary source of information, reach the rate of scepticism to vaccination of 18%. (*Eurobarometer*, 2021)

Among the EU-27 Member States, the most positive attitude towards vaccination was that of citizens of Ireland, followed by Denmark and Malta. The least willing citizens to get vaccinated were from Bulgaria, Latvia and Croatia (*Eurobarometer*, 2021).

Table 2. Countries classified according to the willingness of their citizens to be vaccinated.

Very likely (0-100%)	FOUR GROUPS OF COUNTRIES
Up to 35%	GROUP 1: Bulgaria; Latvia; Croatia; France; Slovenia; Lithuania;
Up to 45%	GROUP 2: Poland; Hungary; Slovakia; Austria; Czechia; Estonia; Romania; Cyprus
Up to 55%	GROUP 3: Germany; Greece; Netherlands; Belgium; Luxembourg;
Up to 75%	GROUP 4: Italy, Finland; Sweden; Spain; Portugal, Malta, Denmark; Ireland

Source: Own processing based on data from *Eurobarometer*, 2021.

FISCAL POLICY MEASURES IN EU27 MEMBER STATES AIMING AT STIMULATING THE ECONOMY AND EMPLOYMENT

The objective of this part of the paper is to identify and sum-up measures taken by 27 governments of EU Member States. About the large number of the sample and for being able to propose a concise summary we focused on the fiscal policy measures aiming at stimulating the economy and employment in individual member states. As the COVID-19 pandemics continues and so does the expansion of the measures in all member states it needs to be underlined that the proposed list of actions was retrieved from the relevant sources (ILO, IMF, National authorities of EU Member States) as on 9 June 2021.

Table 3. List of fiscal policy measures in EU-27 Member States aiming to stimulate economy and employment

AT	March 2020 – package of 38 billion (9,5% of GDP), new fiscal measures including tax relief measures for the hospitality sector of 500 mil., for the events sector of 300 mil. And support to non-profit organisation of 700 mil., new tax incentive introduced for companies that recruit apprentices, of 2000 €/position.; the fiscal package extended to 50 billion (13% of GDP) to include stimulus measures; Investments in climate protection, affordable housing, health, digitalisation and municipal childcare and a one-off support for the unemployment and families; several specific tax relief measures focused on agricultural and forestry sectors, culture and publishing as well as gastronomy; reduction of the lowest income tax rate from 25 to 20 percent.
B	Package of 8-10 bn (2% of GDP) and 50% bn (10% of GDP) of bank guarantees for new loans. Support of healthcare system, temporal employment and self-employed; liquidity support through postponements of social security and tax payments for companies and self-employed. A new government package including: COVID-19 tax shelter system (open to all SMEs affected); An increase investment deduction (25%); suspension of the VAT advance for December 2020. An increase from 50% to 100% for the deduction of costs related to organising events and catering.
BG	Package of 4,5 bn BGN (around USD 2,489 bn); main tax and spending measures include: 60% of social security income for January 2020 and social contributions payable by the employers for workers and employees in affected

	sectors; Postponement of the payment of corporate taxes until end June; additional remunerations in the ministries of health, interior and defence, the Social Assistance Agency, the Employment Agency and the General Labour Inspectorate.
CRO	Postponement of public obligatory payments (income and profit tax and social security contributions) for 3 months, extendable for further 3 months and termporay suspension of payments of selected charges; Providing interest free loans to local government, the Health Insurance Institute and Pension Insurance Institute to cover delayed payments; Local governments allowed to use utility charges for enterprise, healthcare, welfare, firefighting and other purposes.
CY	Package 1,6 bn, (health sector, income support for households including leave allowance for parents and those with health issues, wage subsidy for affected businesses to maintain jobs, grants for SMEs, tourism sector, postponed VAT payments and temporary VAT cut from 9 to 5% to stimulate tourism sector, interest subsidy for new business and housing loans for four years
CZ	Submission deadline of income tax return extended by three months; Abolition of real estate acquisition tax; higher debt in the state budget; Exemption of VAT payment on some goods related to COVID-19 (protective clothing etc). USD 130 mil. reserved to be spent on medical equipment; export of medical supplies and tools forbidden since 18 March; regulation of prices and medical masks.
DK	Discretionary fiscal support DKK 131,4 bn (5,7% of GDP) – healthcare, support of workers and businesses. 5,1% of 2019 GDP in countercyclical support expected to come from automatic stabilizers (weaker tax receipts and higher social benefits). Temporary liquidity measures, including postponement of tax payments and government guarantees; Special financial support for SMEs.
EST	Package 2 bn support of workers and businesses, buying supplies for health facilities. Government measures

	include purchase of equipment to the health sector, including safety equipment; Partial compensation for direct costs of cancelled events (focused in particular on sport and culture sectors); Rural Development Foundation will set guarantees for business loans (up to 100 mil. euro) or land capital financing (up to 50 mil. euro) for rural companies.
FIN	Main discretionary tax and spending measures (3% of GDP) include additional spending for healthcare and testing, protection and medical equipment, public safety and border controls and research of COVID-19; lower pension contributions (1,05 bn); grants to SMEs and self-employed (over 1 bn) and expanded parental allowance, social assistance and unemployment insurance (3 bn). Automatic stabilizers expected to increase the fiscal deficit by 4-5% od GDP. Postponement of tax and pension payments for 3 months expected to provide additional short-run relief of 2% of GDP (4,5 bn).
FR	Package of 100 mld for protecting employment; 30 mld. for transition in energy sector. 35 mld for the "competitiveness" of companies; 6,5 mld support of employment of young people; 6,6 mld for long-term activities; 5,2 mld for "collectivités locales" and 6 mld investments for hospitals.
GER	Service guarantee for social services and welfare until end of December 2021; workers eligible for short time work benefit additional earnings may generate while working in other jobs will not be deducted from the short time work benefit. The same applies for pensioners receiving old-age pensions where the limit for supplementary earnings has been raised from 6300 – 44 590€ per year; Exceptions from restrictions in the Working Time Act eased. Period for short term employment under privileged conditions (low flat tax rate and lump sum for social security) increased from 70 to 115 days a year to help seasonal staff especially in agriculture; Numerous tax reliefs granted – moratorium on tax debts, adjusted prepayments, sequestrations suspended; Support of

	liquidity of enterprises; One-time salary premium of up to 1000€ was paid to employees in geriatric care.
GRE	Announced a package 10 bn from national and EU resources. Key measures include: a) heath spending increases for new hiring, procurement of medical suppliers and cash bonuses to health sector workers, b) transfers to vulnerable individuals, including 800€ cash stipend for employees in hit firms; c) liquidity support to hard hit businesses through subsidized loans, loan guarantees, interest payment subsidies and postponed payments of tax and social security contribution; State covers cost of beneficiaries′ insurance, pension and health payments. Freeze on VAT collection and debt payments to the state for 4 months.
HUN	Fund for the protection and restructuring of the economy as from 4 April 2020; HUF 1345 bn allocated (3,2% of GDP). HUF 663 bn for disease control; Annual bonus payment of HUF 500 000 for workers in health sector.
IRL	Package 24,5 bn (14% GNI) for 2020 and 2021, which includes: 20,5 bn in direct support and 4 bn indirect support through a) 2 bn credit guarantee scheme and B) 2 bn Pandemic stabilistation and recovery Fund (ISIF). Direct supports include: a) 2,9 bn health sector capacity enhancement; c) 1,5 bn business support, D) 0,5 bn capital works. 2 bn to support lending to SMEs for terms ranging from 3 months to 6 years, which will be below market interest rates; the warehousing of tax liabilities for a period of 12 months; Waiving of commercial rates for a 3 month period. Provision of a Restart Fund for micro and small businesses of 250 mil for micro and SMEs; 2 bn Pandemic and Recover fund for medium and large enterprises on commercial terms.
IT	1) Suspension of payments of taxes and mortgages (tax and VAT payments, social security and welfare contribution and mandatory insurance; withholding of tax for professionals without employees, with revenues or fees not exceeding 400 000; tax liquidation, control, assessment, collection and litigation; collection of tax

	files for settlement transactions; mortgage repayment for citizens with low/middle income). 2) Bonus up to 100€ for workers with a gross annual income up to 40 000€) 3) Tax credit to shop owners equal to 60% for commercial rent.
LAT	Package 1 bn (3% GDP) – to support businesses and employees, including through tax reductions and sick-pay leave. Credit guarantees and lans to companies affected would be provided by the Finance Development Institution, for which the Government has increased the reserve capital.
LIT	Package 2,5 bn; Needs of healthcare system funded from the state and Government reserve. Subsidies for businesses and possibility to use the long-term unemployment fund in order to support employers who do not opt for lay-offs and self-employed. Measures concerning capital loans and partial interest compensation.
LUX	Package up to 8,8 bn (14% GDP) for supporting economy, businesses and maintaining employment. To support immediate liquidity needs and to ease cash-flow difficulties of companies several measures taken: capital grant up to 500 000 to cover operating costs of businesses, in particular crafts and trade sector; Moratoria and/or easing of loan payments; Advance repayments of VAT credit balances below 10 000 € expected to benefit SMEs and self employed; Possible postponement of some tax-related payments
MT	Package 520 mil (4% of GDP) – support to healthcare and other specific sectors. Additional 35 mil. euro available for covering expenses for fighting COVID-19 (subject of potential increase). As from 16 March 2020 childcare services offered to healthcare workers. Tablets provided to children between 4 and 6 years old in all schools for free.
NE	Package 10-20 bn (1-2%). Postponement of tax payments for companies; Public guarantee schemes especially for SME loans – expanded to help the most vulnerable

	companies. The total cost of these programs depends on demand. Emergency package of 650 mil for companies in the floricultural sector, specific parts of the food horticulture and French fries potato sector. Package 300 mil to support cultural institutions. Support for start-ups and scale-ups; Reduction of interest rates in a microcredit provider. 750 mil. available for bridging loans for SMEs in micro-, medium- and small business sector. 11 mil support for local newspapers, broadcasters, local newspapers, websites and door-to-door newspapers. Financial compensation up to 9 mil (in total) for fishermen who cannot sail.
PL	Package PLN 212 bn (USD 52 mil) (9% GDP) that includes: additional funds for hospital equipment and supplies; wage subsidies for employees of affected businesses and self-employed; increased guarantees from the national development bank (BGK) for enterpises; adittional loans for micro-firms; postponement of payments of social contributions and possible deferral, payment in instalments, or cancellation of taxes; deduction of this year´s losses for 2021 tax settlement; an allowance for parents for school closures. 7,5 bn package for health sector.
PT	Package 9200 mil for 2nd quarter of 2020 that includes: tax related measures (postponement of tax payments), financial support, support of social security contribution. Postponement of enterprise´s advance tax special payment from March 31 to June 30. Postponement of deadline for submitting Corporate Income Tax to 31 July. Temporary suspension of tax and social contribution proceedings. Enterprises can, in the 2nd quarter, pay taxes and deliver withholding taxes in 3 monthly instalments, without interests or guarantees, or in 6 months. 3000 mil for more affected economic sectors. Restaurants and food catering: 600 mil. of which 27 mil. euro for micro and small enterprises.
RO	Tax and spending measures more than 3% GDP include: additional funds for the healthcare system; covering partially the wages of parents staying home for the period

	the schools are closed; support of businesses including covering in part the wages of self-employed and workers; partially subsidizing wages of persons returning to work; postponement of payments for SMEs; bonus for corporate income tax payments; grants for businesses; Rescheduling payments of certain taxes for hit companies.
SK	Medical suppliers exempted from VAT and customs duty. Postponement of deadline of tax return by 3 months for businesses and individuals. 197 mil from Operation HR Program to support active labour market measures; Support to specific sectors, incl. health sector; On 16 March state of emergency declared for the health care sector, later also for social care facilities; Some hospitals designed to exclusively treat COVID-19 patients; Soldiers trained to help in medical sectors (testing).
SL	Package 1 bn (2,1% GDP). Tax and spending measures incl.: postponement of tax payments up to 24 month or tax payments; wage subsidies for suspended workers due to pandemic and quarantined people; guarantees and credit lines available for financial support to the affected businesses, particularly SMEs; Reduction of electricity prices by about 20% for 3 months; Central and local governments granted more discretion in using budget funds, including public procurement and health spending. Law to reimburse salary compensation for workers; New package of additional 3 bn (6,3% GDP) for loan guarantees for companies; purchase of claims to companies; co-financing of social contributions; temporary basic income for the self-employed and allowances for pensioners.
ES	Package to protect families, workers, self-employed workers and companies – able to mobilize up to 200 000 mil. Of credits with public guarantees of up to 100 000 mil and an estimate of public spending of around 5 000 mil. Measures to guarantee liquidity and stability of companies; Support measures for the business sector (flexibility of tax payment postponement for up to 6 months); Support for tourism sector (400 mil for

	companies and self-employed); Shielding of strategic companies against foreign takeover bids (protecting large Spanish companies).
SW	Package SEK 803 bn (16% GDP) focused on: additional expenditures on wage subsidies for short-term leave; temporary payment of sick leave; loans to SMEs; rent subsidies to some sectors; more generous unemployment benefits; expanded active labour market policies; temporary reduction of employer´s social security contributions; increased covid-testing; special grants to municipalities and regions; extra temporary grants to businesses; supplementary housing allowances to families with children; infrastructure investment; postponement of SME taxes, social contributions, VAT and payroll taxes for up to 12 months; Loan guarantees, higher insurance covers for exporters.

Source: Own processing, based on (selected) data from ILO, IMF and National authorities. Retrieved od 9 June 2021.

COMPLEMENTARY MEASURES AND ACTIONS TAKEN AGAINST COVID-19 ON THE SUPRANATIONAL LEVEL

EU institutions were unprepared for the pandemic. Their inability to take immediate actions was generally perceived as a failure and became a source of public criticism. Later, the Commission, the Council and other EU institutions started to prepare and implement measures. This included adoption of new EU regulations and action based mostly on the coordination of member states—(information sharing, identification of the needs in medical equipment). In practice, however, experience has shown during the crisis that national interests prevailed over community interests, which was criticised by some representatives of Member States (*Foreign Policy*, 14 March 2020; *The Guardian,* 11 March 2020). The EU common approach played a more significant role after the pandemics first wave that proved to be a serious disaster for all countries in the EU and worldwide[2].

On 11 March 2020 the World Health Organisation declared COVID-19 a global pandemic. Following the status of this institution to be a leading institution in providing a response and coordination on the global level, WHO´s messages have had automatically a decisive say in further actions taken on the EU level as well as on the level of the EU27 Member States.

The measures taken on the EU level can be perceived on two levels: on the level of the Commission as a supranational institution and on the level EU Member States (The Council). In the second case, the leaders of the EU27 Members States have agreed on the following initiatives: to donate at least 100 million doses vaccine doses before end 2021; EU digital COVID certificate (as from 1 July 2021), which is meant to provide proof, that a person has either been vaccinated, received a negative test result or already recovered from COVID-19. The list of Commission´s measures and actions are listed in table 4.

---

[2] <https://www.consilium.europa.eu/en/policies/coronavirus/>

Table 4. List of European Commission response to COVID-19

TYPES OF MEASURES	CONTENT OF THE ACTIONS IN BRIEF
Economic measures I	Recovery package of 1,8 trillion €, combining with the EU budget for 2021-2027. Commission able to borrow up to 750 million € on the financial markets. Other measures adopted by the Commission: that complement the ECB´s 1350 billion € Pandemic Emergency Purchase Programme in addition to the 120 billion € programme decided earlier; temporary state aid rules that government can provide liquidity to the economy (sustain jobs); to trigger the "escape clause" providing flexibility to EU budget rules (supporting businesses, healthcare systems and businesses and securing people´s jobs during pandemics); screening of FDI – Commission issued guidelines for Member States in order to protect European assets and technology in the current crisis;
Economic measures II	Providing economic guidance to Member States – recommendations focusing on cushioning the impact of the crisis in the short term and building growth in the long term, in line with our green and digital goals. Using part of the EU budget and the EIB to save jobs and support companies hit by the crisis (guidelines for national ministries for protecting seasonal workers in the EU during pandemic); Financial support for hard-hit small and medium businesses (EIB investing additional 20 billion € In SME businesses. The Commission allocating 8 billion € to support at least 100 000 companies together with EIB. Coronavirus response investment initiative – Commission´s initiative to provide Member States with immediate liquidity, consisting of unspent cohesion policy funds, including: new methods to reach the most vulnerable under the Funds for European Aid to the Most Deprived (home deliveries and use of electronic vouchers to reduce the risk of spreading the virus; support to fishermen and

	farmers (measures to support and stabilise agricultural markets; additional package of exceptional measures to support wine sector).
Research for treatment, diagnostics and vaccines	COVAX facility for equitable access to affordable COVID-19 vaccines (Commission contributes by 400 million € in guarantees.) Commission allocated over 660 million € under Horizon 2020 since January 2020 for developing vaccines, new treatments, diagnostic tests and medical systems.
Public health	Commission allocated 3 billion € from EU budget, co-financed by 3 billion € from Member States, to fund the Emergency support instrument and RescEUs common stockpile of equipment; Medical guidance for EU countries; Personal protective equipment; Tests
Borders and mobility	Guidelines for border management measures; temporary restriction on non-essential travel to EU; guidance to ensure the free movement of workers, guidance on health, repatriation and travel arrangements for cruise ship passengers and cargo vessel crews;

Source: Own processing based on data of the European Commission, 2021.

Macroeconomic consequences of COVID-19 pandemic at the EU27 Member States

The occurrence of unprecedented pandemic situation in 2020 in the global economy brought a lot of negative consequences in all areas of macroeconomic system. The damage could be partially reflected as a difference between the forecast value (European Economic Forecast Autumn 2019, p.1) and the measured values of real GDP change in 2020. The table 5 proposes an overview of this difference for EU Member States. As we can see, all the countries were negatively affected, although the countries with the highest impact were: Spain, Greece, Croatia, France, Italy and Portugal. On the other hand, countries with the lowest difference between forecast and reality in 2020 were: Ireland, Sweden, Finland, Lithuania, Luxembourg and Estonia.

Table 5. Real GDP growth rate in EU Member States, forecast and actual values

	Forecast for 2020 (A)	Forecast for 2021	Reality 2020 (B)	Difference (A-B)
Belgium	1	1	-6,3	7,3
Germany	1	1	-4,8	5,8
Estonia	2,1	2,4	-2,9	5
Ireland	3,5	3,2	3,4	0,1
Greece	2,3	2	-8,2	10,5
Spain	1,5	1,4	-10,8	12,3
France	1,3	1,2	-7,9	9,2
Italy	0,4	0,7	-8,9	9,3
Cyprus	2,6	2,3	-5,1	7,7
Latvia	2,6	2,7	-3,6	6,2
Lithuania	2,4	2,4	-0,9	3,3
Luxembourg	2,6	2,6	-1,3	3,9
Malta	4,2	3,8	-7,8	12
Netherlands	1,3	1,3	-3,8	5,1
Austria	1,4	1,4	-6,3	7,7
Portugal	1,7	1,7	-7,6	9,3
Slovenia	2,7	2,7	-5,5	8,2
Slovakia	2,6	2,7	-4,8	7,4
Finland	1,1	1	-2,8	3,9
Euro area	**1,2**	**1,2**	**-6,5**	**7,7**
Bulgaria	3	2,9	-4,2	7,2
Czechia	2,2	2,1	-5,6	7,8
Denmark	1,5	1,6	-2,7	4,2
Croatia	2,6	2,4	-8	10,6
Hungary	2,8	2,8	-5	7,8
Poland	3,3	3,3	-2,7	6
Romania	3,6	3,3	-3,9	7,5
Sweden	1	1,4	-2,8	3,8
EU 27	**1,4**	**1,4**	**-6,1**	**7,5**

Source: Own calculations, based on data from *Economic and Financial Affairs* (2019) and *Eurostat.*

Not surprisingly, it seems that the structure of the economy seems to play an important role in pandemic shock economic consequences and countries oriented to contact-intensive sectors (like tourism) were among the most influenced. As being presented by Maarten de Vet et al. (2021), "most manufacturing-based industries started recovering relatively quickly in 2020 in the EU, as confinement measures were increasingly lifted and as a result of various measures (e.g. the recognition of 'essential' sectors and their workers and green lanes to ensure trans-border transport and supply chain functioning). However, there are remarkable differences in performance amongst but also within sectors. Larges parts of the digital industry have performed well, and so has the healthcare industry. Enabling industries like chemicals, construction, and the food and drinks sector are likely to experience a V-shaped recovery. Despite the initial shocks, automotive and textile industries appear to be on a recovery path since the first lockdowns. Sectors that are dependent on human contact and interaction, such as the cultural and creative industries and the aerospace industry (due to the decrease in mobility and tourism activities), have experienced substantial hits by the crisis, and they are likely to suffer for extended periods from these unprecedented shocks".

Moreover, Demirgüç-Kunt *et al.* (2020) find that countries which rolled out non-pharmaceutical interventions (working from home, protection of risk groups, testing, contact-tracing and isolation etc.) early in the COVID-19 pandemic, suffered both lower economic loss and less deaths from the virus, compared to countries that reacted less swiftly. In addition, wide dissemination of good hygiene practices as outlined in Levine and McKibbin (2020) can be a low-cost and highly effective response that can reduce the economic and social cost in a specific country.

Like the lockdowns, the policy reaction to cushion its negative effects has been unprecedented in most EU Member States. Pfeiffer, Roeger and in't Veld (2020) show that the economic policy measures (for example short-term work allowances and liquidity support for firms) deployed in reaction to the COVID-19 pandemic in the EU compensated for the output losses, albeit only partially. This is in line with the empirical findings of Deb et al. (2020), who underline that short term economic losses were smaller in countries that extensively deployed their fiscal and monetary policies. Chudik, Mohaddes and Raissi (2021) showed that fiscal policy has been effective in preventing a more severe economic downturn across the world. The growth effects of such measures were especially large in advanced economies and less-developed economies have provided smaller fiscal packages. But, the latest have benefited from inward policy spill overs from global monetary and fiscal support. We can assume the analogical spill overs effects at the European level, too. Looking at the list of fiscal policy intervention measures (table 3), it seems that European countries with the lowest negative economic impact (Ireland, Sweden, Lithuania) were adopting business-oriented measures faster and to the wider extent than other European countries oriented rather to households' income protection. However, this assumption need to be confirmed by further research.

Macroeconomic consequences of COVID-19 could be perceived not only in the short run. As being underlined by McKibbing and Fernado (2021), ''the longer-term responses are even more important. Despite the potential loss of life and the possible large-scale disruption to a large number of people, many governments have been reluctant to invest sufficiently in their health care systems, let alone public health systems in less-developed countries where many infectious diseases are likely to originate. The idea that any country can be an island in an integrated global economy is proven wrong by the latest outbreak of COVID-19. Global cooperation, especially in the sphere of public health and economic development, is essential. All major countries need to participate actively. It is too late to act once the disease has taken hold in many other countries and attempt to close borders once a pandemic has started''.

CONCLUSIONS

The research paper focused on the impacts the pandemic COVID-19 had on the 27 Member States of the European Union. In the first part we outlined the dynamics of the events that led to start, early and respective developments (in consecutive first two waves) of the COVID-19 pandemics in the reference period between March 2020 and May 2021 in the world with particular focus on the EU. In second stage we identified the impact of the disease on the EU-27 Member States and on the reactions by the EU-27 governments (focused on fiscal policy measures). In third stage, we identified complementary measures and actions taken on the EU as well as macroeconomic consequences of COVID-19 pandemic at the EU-27 Member States

The paper took into account the most up-to date available qualitative or/and quantitative information from secondary sources, alternatively adding inside view(s) from the national or/and supranational institutions.

Our research, among other issues, identified chronological developments of origin of COVID-19 in the EU (in respective Member States) and identified four groups of EU Member States classifying them into groups of countries according to degree of willingness of citizens to be vaccinated against COVID-19. We have also searched for, identified and summed up list of fiscal policy measures in EU27 Member States aiming to stimulate economy and employment. These might be particularly useful as an exchange of best practices among national governments. It might be desirable that supranational level (Commission) would play a more active role in this process that would potentially allow to remain vigilant and better prepared for any other similar disaster to take place in the future.

ACKNOWLEDGEMENT

This research paper originated in partial fulfilment, and with support of, the project KEGA 040UMB-4/2021 "Diversification of content and didactic forms for teaching economic subjects in Slovak language and in world languages" at the Faculty of Economics, Matej Bel University in Slovakia.

REFERENCES

Boffey D. (2021), "Italy criticises EU for being slow to help over coronavirus epidemic", *The Guardian,* 11 March, [retrieved on 11 May 2021].

Bonal X., Sheila G. (2020), "The impact of lockdown on the learning gap: family and school divisions in times of crisis", International Review of Education, Springer, Vol. 66, p. 635-655.

Brau E., "The EU Is Abandoning Italy in Its Hour of Need", Foreign Policy,14 March 2020, <https://foreignpolicy.com/2020/03/14/coronavirus-eu-abandoning-italy-china-aid/>, [retrieved on 11 May 2021].

Buelens C., (2021), "Lockdown Policy Choices, Outcomes and the Value of Preparation Time: A stylised model", European Economy, Discussion Paper 143, June, <https://ec.europa.eu/info/sites/default/files/economy-finance/dp143_en.pdf>

Cennimo D. (2021), How did the Coronavirus outbreak start and evolve? <https://www.medscape.com/answers/2500114-197402/how-did-the-coronavirus-outbreak-start> [retrieved on 14 May 2021].

Chen W. C., Huang A. S., Chuang J. H., Chiu C. C. and Kuo H. S. (2011), "Social and economic impact of school closure resulting from pandemic influenza A/H1N1", Journal of Infection, 62(3),p. 200-203, https://doi.org/10.1016/j.jinf.2011.01.007.

Chetty R., Friedman, J.N., Hendren N., Stepner M. and the Opportunity Insights Team (2020), "How did COVID-19 and stabiization policies affect spending and employment? A new real-time economic tracker based on private sector data", Working Paper 2743, June, NBER Working Paper Series, https://www.nber.org/system/files/working_papers/w27431/revisions/w27431.rev0.pdf.

Chudik A., Mohaddes K., Raissi M. (2021), Covid-19 fiscal support and its effectiveness, Economic Letters, Vol. 205, August, 109939, https://doi.org/10.1016/j.econlet.2021.109939.

Cohen J. (2020), "Wuhan seafood market may not be source of novel virus spreading globally", Science, 26 January, <https://scholar.harvard.edu/sites/scholar.harvard.edu/files/kleelerner/files/20200126_science_wuhan_seafood_market_may_not_be_source_of_novel_virus_spreading_globally_science_aaas.pdf>

Demirguc-Kunt A., Lokshin M., Torre I. (2020), "The Sooner, the Better: The Early Economic Impact of Non-Pharmaceutical Interventions during the COVID-19 Pandemic", Policy Research, Working Papers, No. 9257, World Bank, <https://openknowledge.worldbank.org/entities/publication/dc622b4a-4215-5891-857d-642904590a6a>.

De Vet M. J., Nigohosyan D., Núnez Ferrer J., Gross, A., Kuehl, S. and Flickendchild, M. (2021), "Impacts of the COVID-19 pandemic on EU industries", March 2021, retrieved from <https://www.europarl.europa.eu/RegData/etudes/STUD/2021/662903/IPOL_STU(2021)662903_EN.pdf>.

Directorate-General for Economic and Financial Affairs (2019), European Economic Forecast/ Autumn 2019, *Institutional Paper 115*, November, Brussels. <https://commission.europa.eu/selectlanguage?destination=/node/13988 >.

Djurovic G., Djurovic V., Bojaj M. (2020), "The macroeconomic effects of COVID-19 in Montenegro: a Bayesian VARX approach", *Financial Innovation*, Vol. 6, No 1.

European Commission, data.europa.eu,

<https://data.europa.eu/euodp/en/data/dataset/covid-19-related-call-for-tenders>.

European Council, "The EU's response to the COVID-19 pandemic",<https://www.consilium.europa.eu/en/policies/coronavirus/> .

European Data Portal, "Global and European Dashboards Mapping the Spread of COVID-19", https://data.europa.eu/es/impact-studies/covid-19/global-and-european-dashboards-mapping-spread-covid-19>.

European Parliament, Eurobarometer, <https://www.europarl.europa.eu/at-your-service/en/be-heard/eurobarometer/public-opinion-in-the-time-of-covid-19>.

Henley J. (2020), "More than 250m in lockdown in EU as Belgium and Germany adopt measures", *The Guardian*, 18 March [retrieved on 13 May 2021].

International Labour Organisation, "COVID-19 and the world of work", <https://www.ilo.org/global/topics/coronavirus/regional-country/country-responses/lang—en/index.htm#SK>.

International Monetary Fund, "Policy Responses to Covid-19", <https://www.imf.org/en/Topics/imf-and-covid19/Policy-Responses-to-COVID-19>.

McKibbin W. J., Fernado, R. (2021)" The Global Macroeconomic Impacts of COVID-19: Seven Scenarios", *Asian Economic Papers*, Vol. 20, No 2, p. 1-30.

McKibbin W. J., Levine D. (2020), "Simple Steps to Reduce the Odds of a Global Catastrophe", The Brookings Institution, February 19, <https://www.brookings.edu/articles/simple-steps-to-reduce-the-odds-of-a-global-catastrophe/>.

Nebehay S. (2020), "Europe is epicentre of coronavirus pandemic", WHO, Reuters, 13 March, https://www.reuters.com/article/us-health-coronavirus-who-idUSKBN2102Q0>, [retrieved on 11 May 2021].

Nováčková, D. (2000). Európska integrácia. Od Ríma cez Maastricht po Amsterdam. Bratislava: Eurounion. 2000. 341 s. ISBN 80-889-84-13-0.

Pawera R., Štefancová V. (2013), "Common Foreign and Security Policy of the European Union from the Perspectives of Germany in the 21st Century", *International Relations*

Contemporary Issues of World Economics and Politics, Vol. 1-4, p. 701-709.

Pfeiffer Ph., Werner R., Jan in't V. (2020), "The COVID 19-Pandemic in the EU: Macroeconomic Transmission & Economic Policy Response", *European Economy-Discussion Papers,* No 127, July, (DG ECFIN), European Commission, <https://econpapers.repec.org/paper/eufdispap/127.htm>.

Pragyan D., Furceri D., Ostry J.D., Tawk N. (2020), "The Economic Effects of COVID-19 Containment Measures", *IMF Working Paper*, 2020/158, https://www.imf.org/en/Publications/WP/Issues/2020/08/07/The-Economic-Effects-of-COVID-19-Containment-Measures-49571>.

Sachs *et al.*, (2021), Sustainable Development Report 2020. The Sustainable Development Goals and Covid-19. Cambridge, Cambridge University Press.World Bank (2020), Global Economic Prospects, June 2020, <https://openknowledge.worldbank.org/entities/publication/d29e6c95-4753-58e8-b368-d03c78cacab5>.

Schumacher I. (2020), "Perspectives on the Economics of the Environment in the Shadow of Coronavirus", Environmental and Resource Economics, Vol. 76, p. 447-517.

Tamesberger D., Bacher J. (2020) "COVID-19 Crisis: How to Avoid a 'Lost Generation", *Intereconomics*, Vol. 55, No 4, July, p. 232-238.

Troster B., Kublbock K. (2020), "Unprecedented but not Unpredictable: Effects of the COVID-19 Crisis on Commodity Dependent Countries", *European Journal of Development Research*, Vol. 32, Issue 5, p. 1430-1449.

L'EXCLUSION NUMERIQUE : QU'AVONS-NOUS APPRIS DE LA CRISE COVID-19 ?

Kuráková, Ivana
Université Matej Bel, Banská Bystrica, Slovaquie
Lacová, Žaneta
Université Matej Bel, Banská Bystrica, Slovaquie
Vallušová, Anna
Université Matej Bel, Banská Bystrica, Slovaquie

ABSTRACT

According to the so-called "normative hypothesis ", information and communication technologies have a potential to mitigate social inequalities. In general, the demand for modern technologies is high enough among higher social classes, what makes these technologies cheaper and accessible for lower classes, too. In addition, most of the content available on the Internet is egalitarian in the sense that anybody has access to the same information and opportunities regardless of his status. However, available data show significant differences in Internet use among various social groups. The barriers of Internet use vary from lack of material access, through mental and motivational barriers, to the absence of digital skills. Most surveys do not enable researchers to distinguish among the barriers. The situation during COVID pandemic creates a strong impulse for Internet usage. Therefore, it enables to distinguish the "soft" barriers (possible to remove if the motivation is strong) from „hard" digital exclusion motivates. Our paper aims to identify whether differences in usage of the Internet have been mitigated among various social classes due to increased motivation during the lockdowns caused by COVID-19 pandemic. In our paper, we use individual data covering different EU members to identify severe digital exclusion within the EU.

RESUME
Selon l'hypothèse dite "normative", les technologies de l'information et de la communication ont le potentiel d'atténuer les inégalités sociales. En général, la demande de technologies modernes est suffisamment élevée chez les classes sociales les plus favorisées, ce qui rend ces technologies moins chères et, donc, plus accessibles aux classes les plus démunies. Par ailleurs, la plupart des contenus disponibles sur l'internet sont équitables, en ce sens que tout le monde a accès aux mêmes informations et aux mêmes possibilités, quel que soit le statut respectif. Cependant, les données disponibles montrent des différences significatives dans l'utilisation d'Internet parmi les divers groupes sociaux. Les obstacles à l'utilisation d'Internet vont du manque d'accès matériel à l'absence de compétences numériques, en passant par les barrières mentales et motivationnelles. La plupart des enquêtes ne permettent pas aux chercheurs de faire la distinction entre ces obstacles. La situation générée par la pandémie de la COVID 19 a provoqué une impulsion forte et favorable à l'utilisation d'Internet. De ce fait, elle permet de distinguer les barrières dites "souples" (qu'il est possible de supprimer quand la motivation est grande) des barrières motivationnelles dites "dures" et qui sont liées à l'exclusion numérique. Cette étude vise à déterminer si les différences d'utilisation de l'internet ont été atténuées chez les différentes classes sociales en raison d'une motivation accrue pendant les périodes de confinement issues de la pandémie COVID-19. Dans cette approche, on a utilisé des données individuelles couvrant différents pays-membres de l'Union Européenne (UE) en vue d'identifier les cas exclusion numérique accentuée au sein de l'UE.

Keywords : Covid 19, information technology, digital competences, social inequalities

Mots-clés : Covid 19, Technologies de l'information, Compétences numériques, Inégalités sociales

Classification JEL : I10, A13, E03, J24, N14, O33

INTRODUCTION

La transformation numérique au niveau européen est l'un des principaux défis auxquels les institutions européennes sont actuellement confrontées. L'UE a adopté un ensemble de politiques et d'initiatives visant à accroître les compétences numériques en Europe, tant au niveau de la main-d'œuvre qu'à celui des consommateurs. Un plus grand nombre d'européens dotés de compétences numériques plus solides est supposé pouvoir renforcer la compétitivité de l'Europe dans le monde du digital en contribuant au développement d'une société plus juste. Selon le site officiel de l'UE, plus de 90 % des fonctions professionnelles en Europe requièrent aussi bien un niveau élémentaire de connaissances numériques, tout comme des compétences de base en lecture, écriture et calcul. L'utilisation des technologies numériques se répand dans tous les domaines d'activité et concerne aussi bien les affaires que les transports ou l'agriculture. Selon la même source, environ 42 % des Européens n'ont pas de compétences numériques de base, dont 37 % font partie de la population active[3].

L'expérience pandémique, vécue à partir de 2020, offre l'opportunité de tester l'hypothèse selon laquelle la pandémie a agi comme un accélérateur de la numérisation. Les différentes tendances des effets de la COVID-19 pourraient, en partie, s'expliquer par la capacité des entreprises et des opérateurs économiques à passer au numérique. Si ces hypothèses sont confirmées, nous pouvons considérer que certains obstacles à la numérisation (comme les habitudes et la culture) pourraient être perçus comme "souples" et donc facilement contrôlables par les forces du marché ou par des mesures politiques relativement simples. Toutefois, cela suppose que la motivation pour leur élimination (sécurité et protection de la vie) soit forte. En revanche, les problèmes persistants pourraient indiquer l'existence d'un autre groupe d'obstacles à la numérisation, dits "durs" et qui pourraient être difficiles à

[3] (https://digital-strategy.ec.europa.eu/en/policies/digital-skills)

éliminer. L'identification de ces deux types d'obstacles pourrait aider les institutions de l'UE à choisir et à appliquer les mesures politiques les plus appropriées concernant les causes d'inégalité numérique.

REVUE DE LA LITTERATURE

Depuis l'avènement des technologies de l'information et de la communication ("TIC"), voilà plus de 25 ans déjà, la fracture numérique est devenue un sujet qui intéresse à la fois les universitaires et les décideurs économiques. Durant les premières années qui ont suivi son avènement, la fracture numérique a été interprétée comme une différence entre ceux qui ont accès à l'internet et aux TIC et ceux qui n'y ont pas accès (van Dijk, 2018). L'accès aux médias numériques est un processus qui commence par une attitude positive à l'égard des TIC et une motivation à les utiliser (van Dijk, 2020). Ce processus se poursuit par l'obtention d'un accès physique, c'est-à-dire de TIC appropriées, ainsi que d'une connexion à l'internet, tout en développant le niveau de compétences numériques nécessaires. Comme aboutissement du processus, on peut relever l'acquisition de certains avantages ou de multiples bénéfices découlant de l'utilisation des TIC. En résumant le processus de la fracture numérique, il y a lieu de constater que le concept a évolué de la catégorie dichotomique de l'accès aux TIC (DiMaggio et Hargittai, 2001), qui était l'idée originale du concept (Ragnedda, Kreitem, 2018), vers une concentration sur les compétences en matière de TIC.

Il n'en demeure pas moins que la motivation reste un élément clé qui influence les phases suivantes : l'accès physique, les compétences numériques et, finalement, l'obtention d'avantages (van Dijk, 2018). Des approches récentes considèrent les compétences numériques comme des variables clés dans la vie personnelle et professionnelle (Ertl *et al.,* 2020). Cette évolution peut être qualifiée de fracture numérique à trois niveaux. Le premier niveau représente la division classique entre ceux qui ont accès aux TIC (en particulier à l'internet) et ceux qui n'y ont pas accès. Si l'accès à l'internet est généralisé, l'accent est alors mis sur l'ampleur des compétences numériques qui permettent d'utiliser les TIC et l'internet ; c'est ce que l'on appelle le deuxième niveau de la fracture numérique. Récemment, l'accent a été mis sur la fracture numérique dans le domaine des résultats tangibles résultant de l'utilisation de l'internet ; c'est ce que on appelle le troisième niveau de fracture numérique (van Deursen et van Dijk, 2019). Ces résultats peuvent être observés dans tous les domaines ou sphères de la société : économie, politique, société civile, relations sociales, culture et effets spatiaux (van Dijk, 2018).

Le niveau de l'individu dans le processus ci-dessus est déterminé à travers des caractéristiques sociodémographiques diverses (Kottak, 1996). La première est relative à l'âge. On observe, en effet, que la fréquence d'utilisation des TIC et de l'internet chez les personnes plus âgées est, en moyenne, plus faible comparativement aux individus plus jeunes (Helsper et Reisdorf, 2017). Para rapport aux personnes plus âgées (des quadragénaires jusqu'aux septuagénaires), les jeunes semblent être plus assidus et adaptés à l'environnement en ligne (Hargittai, 2002). Par ailleurs et indépendamment de l'âge, il convient d'ajouter que des variables telles que le sexe, le niveau d'éducation et la situation de famille doivent être prises en compte chez les personnes plus âgées (Selwyn *et al.,* 2003). Par rapport au genre, il s'agit d'une variable dont l'influence demeure un sujet de recherche intéressant à explorer (Scheerder *et al.*, 2017). Son impact est fort, particulièrement dans les pays où les inégalités sociales liées au genre sont importantes (Ono et Zavodny, 2007). La troisième caractéristique la plus fréquemment étudiée est le revenu. Ce dernier est un facteur important qui influence la fracture numérique (Fuchs, 2009). L'effet macroéconomique du revenu est généralement mesuré par le coefficient de Gini ou par le revenu par tête d'habitant. Quibria *et al.* (2003) ont constaté une forte corrélation entre le revenu et le PIB par capita, l'élasticité de l'utilisation de l'ordinateur par rapport au revenu étant supérieure à un. En termes d'éducation, Howard, Rainie et Jones (2001) ont constaté que les personnes ayant un niveau d'éducation élevé recherchent sur l'internet des informations sur des questions professionnelles, telles que la santé, les informations financières et les informations sur l'éducation, tandis que les personnes ayant un niveau d'éducation moins élevé passent plus de temps en ligne sur des sites de divertissement et de jeux. Parallèlement pour qu'ils soient utilisés correctement, on observe que les ordinateurs nécessitent un certain niveau d'éducation, alors que les téléphones et l'internet n'en requièrent pas autant (Dasgupta *et al.,* 2001). Le revenu et l'éducation s'avèrent être, également, des variables clés dans la décision d'achats et d'utilisation d'internet (Chaudhuri et al., 2005). La dernière variable, mais non la moindre, sur laquelle nous nous concentrons dans notre étude, est le lieu de résidence, c'est-à-dire savoir si l'on est en présence d'un milieu urbain ou rural. Cette variable est importante aussi bien pour les pays en développement que pour les pays développés. Les zones rurales accusent souvent des déficiences en termes de qualité et de vitesse du débit, ainsi qu'en ce qui concerne la disponibilité d'accès à l'internet. Cela produit également un impact sur l'acquisition d'équipements pour l'internet (Robinson *et al.,* 2020).

METHODOLOGIE

Cette étude utilise les données de l'Eurobaromètre standard (2011-2020, vagues d'automne) qui comprend une question sur la fréquence d'utilisation d'Internet par les personnes interrogées. En outre, l'enquête fournit diverses informations de signalétique concernant les répondants : le sexe, l'âge, l'âge auquel le répondant a terminé ses études, le lieu de résidence (rural ou urbain) et, comme indicateur de faible revenu, le niveau de difficulté financière que le répondant a connue au cours de l'année précédente.

Nous avons utilisé à la fois des données agrégées des années 2011-2020 pour décrire la tendance de l'utilisation de l'internet et des données détaillées relativement aux années 2019 et 2020 afin effectuer une analyse plus pointue au sujet des effets des mesures qui ont été prises à l'issue de la COVID-19. Les données de l'Eurobaromètre utilisent un échantillon de 1000 répondants dans chaque pays membre de l'UE (à l'exception des petits pays comme le Luxembourg et Malte, où seulement 500 questionnaires sont administrés). Les observations sont pondérées par des poids de stratification a posteriori pour être représentatives de la population selon le sexe, l'âge et la région NUTS II.

L'objectif est donc de répondre à la question de la recherche qui vise à savoir si les mesures liées à la pandémie de la COVID-19 avaient réduit le nombre de non-utilisateurs d'Internet. Par ailleurs, nous avons essayé de saisir l'évolution des groupes menacés par la fracture numérique. A l'issue des résultats obtenus à partir de notre analyse documentaire, nous nous sommes intéressés aux femmes, aux personnes âgées (plus de 55 ans), aux personnes vivant dans des zones rurales, aux personnes appartenant à des groupes à faibles revenus et aux personnes ayant un faible niveau d'éducation.

Pour répondre à la question principale (savoir si les mesures COVID-19 accéléraient ou non la transition des non-utilisateurs vers le groupe des utilisateurs d'Internet), nous avons calculé la variation moyenne en pourcentage du nombre de non-utilisateurs d'Internet entre 2011 et 2019 et l'avons comparée à la variation en pourcentage entre les années 2019 et 2020. Pour regrouper les pays de l'UE en fonction du nombre de non-utilisateurs et de l'évolution qu'ils ont connue au cours des années 2019-20, nous avons effectué une analyse en grappes à l'aide de la méthode des k-moyennes.

L'étape suivante de l'étude consistait à répondre à la question de savoir si les mesures introduites en 2020 en raison de la pandémie diminuaient la probabilité d'appartenir au groupe des non-utilisateurs d'Internet parmi les citoyens de l'UE. Par la suite, on a voulu savoir si les effets différaient dans les groupes à risque individuels, c'est-à-dire les femmes, la population rurale, les personnes peu instruites, les personnes âgées et les personnes en dessous du seuil de pauvreté. Pour ce faire, on a recouru à une régression logistique. La variable dépendante est binaire : 1 pour les personnes qui n'utilisent pas l'internet et 0 pour celles qui l'utilisent. Comme variables indépendantes, on a utilisé un ensemble de variables binaires qui indiquent l'appartenance à un groupe de risque individuel. Le sexe, l'âge et la zone rurale ont été directement indiqués dans les microdonnées de l'Eurobaromètre. Pour identifier les personnes peu instruites, on a utilisé la variable décrivant l'âge de la personne interrogée et la date à laquelle elle avait terminé ses études. Les personnes ayant terminé leurs études à l'âge de 16 ans et moins appartiennent au groupe à risque des personnes peu instruites. On n'a pas inclus dans ce groupe les personnes interrogées qui n'avaient pas encore terminé leurs études. L'Eurobaromètre n'indique pas directement le revenu du répondant, c'est pourquoi on a utilisé la variable de la détresse financière. Les personnes interrogées devaient répondre à la question qui consistait à savoir si elles avaient eu des difficultés à payer leurs factures l'année précédente. Pour circonscrire l'effet des mesures prises á l'issue de la COVID-19, une variable « Année 2020 » a été incluse, afin de déterminer si les observations effectuées lors de l'année 2020 avaient une plus faible probabilité pour correspondre à des non-utilisateurs d'Internet. Nous avons voulu connaître également l'interaction de l'année 2020 avec les variables indépendantes individuelles. L'objectif de ce processus est d'identifier les effets des mesures de lutte contre la pandémie dans les différents groupes à risque. Nous avons effectué la régression séparément pour chaque cluster dans les pays respectifs.

LES RESULTATS

Dans un premier temps, on a calculé la variation moyenne en pourcentage du nombre de non-utilisateurs d'Internet entre 2011 et 2019 et on l'a comparée à la variation en pourcentage entre les années 2019 et 2020. Le tableau 1 présente des informations sur le pourcentage de non-utilisateurs en 2019 et 2020 pour les différents pays de l'UE, ainsi que les changements mentionnés ci-dessus.

Tableau 1. Pourcentage des non-utilisateurs

	2019	2020	Variation moyenne 2019-2020 (%)	Variation moyenne 2011-2019 (%)
Autriche	16	9	-7	-2
Belgique	8	2	-6	-2
Bulgarie	26	22	-4	-3
Chypre	20	17	-3	-4
Tchéquie	14	13	-1	-2
Allemagne	14	10	-4	-2
Danemark	4	3	-1	-1
Estonie	16	0	-16	-1
Espagne	19	8	-11	-2
Finlande	11	0	-11	-1
France	13	11	-2	-2
Grèce	29	21	-8	-2
Croatie	18	13	-5	-3
Hongrie	21	19	-2	-3
Irlande	11	0	-11	-2
Italie	20	14	-6	-1
Lituanie	22	18	-4	-2
Luxembourg	6	0	-6	-1
Lettonie	18	13	-5	-1
Malte	21	19	-2	-2
Pays Bas	1	1	0	-1
Pologne	24	20	-4	-2
Portugal	26	23	-3	-4
Roumanie	30	28	-2	-3
Suède	2	0	-2	-1
Slovénie	20	16	-4	-1
Slovaquie	21	17	-4	-1

Source : Eurobaromètre standard (vague d'automne 2011-2020), calculs propres.

Dans la plupart des pays, il est possible d'observer que le taux de diminution du nombre de non-utilisateurs d'Internet était plus élevé que celui qui a été observé les années précédentes. Pour regrouper les pays en fonction de leurs résultats antérieurs par rapport à l'évolution entre 2019 et 2020, on a effectué une analyse en grappes. Le graphique 1 montre les résultats du regroupement. Le groupe 1 représente les pays ayant obtenu les meilleurs résultats en matière de connexion des citoyens au web, suivi du groupe 2 et du groupe 3, avec des résultats moins satisfaisants.

Graphique 1. Groupes de pays en fonction de la proportion de non-utilisateurs d'Internet et de leur évolution entre 2019 et 2020

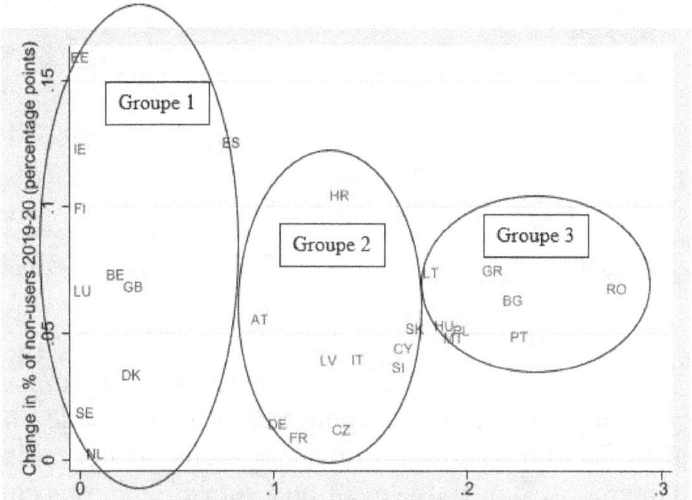

Source : Élaboration propre sur la base des données de l'Eurobaromètre (2019-2020, vague d'automne).

Pour indiquer le changement dans la probabilité d'appartenir aux non-utilisateurs d'Internet, la régression logistique, dont les résultats sont reproduits par le tableau 2, a été utilisée séparément pour chaque groupe.

Tableau 2. Facteur de probabilité d'être non-utilisateur d'internet dans les pays de l'UE

Variable	Cluster1	Cluster2	Cluster3
Année 2020	-2.4050***	-0.3775*	-0.7425***
Femme	0.4685***	0.2302***	-0.1317*
Niveau d'éducation bas	1.5452***	1.1952***	1.5242***
Zone rural	0.1773*	0.4898***	0.4076***
Age ≥55 ans	3.0500***	3.0174***	2.7740***
Détresse financière	0.9027***	0.6690***	0.5588***
Femme# 2020	-0.1251	-0.1884*	0.0257
Niveau d'éducation bas # 2020	0.1945	0.1958*	-0.0112
Zone rurale # 2020	0.2815	-0.1097	-0.0019
Age ≥55 # 2020	0.1802	0.1466	0.3015*
Détresse financière #2020	-0.7265	0.1667	0.0955
_cons	-5.2165***	-4.1887***	-3.1162***

Légende : * p<0.05; ** p<0.01; *** p<0.001
Source : Élaboration propre.

D'une manière générale et dans tous les groupes, nous pouvons affirmer que « l'année 2020 » représente un facteur significatif qui réduit la probabilité d'être un non-utilisateur de l'internet. Comparativement aux autres, l'importance relative de ce facteur diffère toutefois selon les groupes. Dans le groupe 1 (les pays où le nombre de non-utilisateurs de l'internet est le plus faible), il représente le deuxième facteur de non-utilisation de l'internet, juste après l'âge (tranche égale ou supérieure à 55 ans). Les autres facteurs augmentant la probabilité d'être non-utilisateur dans ce groupe correspondent au faible niveau d'éducation et la détresse financière. Dans le premier groupe, il n'y a pas de différence entre les effets des mesures prises à l'issue de la COVID-19 parmi les groupes de risque individuels, les termes d'interaction étant tous non significatifs.

Dans le groupe 2, les mesures de lutte contre la pandémie peuvent être considérées comme moins importantes que les autres, c'est-à-dire l'âge (tranche égale ou supérieure à 55 ans), le faible niveau d'éducation, la détresse financière ou, encore, le fait de vivre dans une zone rurale. Selon le modèle, les femmes du groupe 2 ont plutôt tendance à utiliser Internet comparativement à d'autres groupes à risque. D'autre part, un faible niveau d'éducation signifie une probabilité plus élevée de ne pas utiliser l'internet en 2020.

Dans le dernier groupe, les caractéristiques les plus fréquentes des non-utilisateurs étaient l'âge (supérieur à 55 ans) et le faible niveau d'éducation. Les mesures prises à l'issue de la COVID-19 occupent la troisième place. Les personnes âgées ayant, également, une faible probabilité de pouvoir rattraper leur retard lorsque les mesures de confinement ont été introduites.

Les résultats suggèrent que les pays du groupe 1 ne connaissent pas un niveau significatif discrimination numérique. Comme il y a eu une motivation supplémentaire qui a été introduite par la nouvelle situation, la plupart des personnes ont commencé à utiliser l'internet et l'effet observé a été le même chez les différents groupes. Des signes d'inégalité numérique sont remarquables au niveau des groupes 2 et 3. Les motivations supplémentaires étaient moins importantes que l'appartenance à certains groupes sociaux, principalement chez les personnes âgées et chez les moins instruits.

DISCUSSION

Au cours de la phase initiale de la pandémie de COVID-19, Van Deursen (2020) a constaté que les personnes interrogées ayant, à la fois, le meilleur accès à l'internet, la motivation et la préparation étaient celles qui recherchaient des informations sur la Covid-19 sur l'internet, utilisaient diverses applications liées à la pandémie et tiraient le plus grand bénéfice de l'utilisation de ces applications et de ces informations. S'appuyant sur une enquête représentative de la population néerlandaise réalisée en avril 2020, l'auteur affirme que les personnes ayant un niveau élevé de compétences numériques obtenaient sur l'internet davantage d'informations de meilleure qualité sur la COVID-19 et pouvaient en faire un meilleur usage.

Comme nous l'avons indiqué précédemment, différentes variables ont des effets différents sur le niveau d'inégalité numérique. La COVID-19 a apporté des changements significatifs dans nos vies. Comparativement aux personnes les plus défavorisées, il est possible d'observer que les individus bénéficiant de privilèges sociaux et numériques ont mieux réussi à maintenir ou à augmenter les niveaux de communication numérique avec les amis et la famille en dehors du domicile. Par conséquent, l'inégalité numérique semble être un facteur qui contribue à un développement inégal plus large de la crise en termes d'impacts négatifs subis par les groupes (Beaunoyer et al., 2020, Nguyen *et al.,* 2021). En examinant l'impact de la variable âge sur la fracture numérique, Martins Van Jaarsveld (2020) attire l'attention sur le fait que la COVID-19 a mis en évidence le problème de l'inégalité numérique causée par l'âge. La génération la plus âgée était la plus menacée par la maladie et son évolution. Des mesures ont donc été prises pour la protéger. D'autre part, de nombreuses personnes âgées ont été limitées par leur capacité restreinte à utiliser les TIC et leur manque d'accès à l'internet, de sorte qu'elles n'ont pas été en mesure de récolter les fruits des solutions numériques mises en place par les gouvernements nationaux.

Lai et Widmar (2021) attirent l'attention sur la question de l'internet en tant que bien public. Les mesures de lutte contre la pandémie ayant déplacé plusieurs activités vers l'espace en ligne, les personnes ne disposant pas d'une connexion Internet (ou disposant d'une connexion inadéquate) ont été considérablement et rapidement désavantagées. C'est pourquoi que l'une des solutions possibles consisterait à faire de l'accès à l'internet une forme de bien public, au moins en ce qui concerne la disponibilité du service et son utilisation par le ménage moyen. En même temps, la sensibilisation se profilait comme étant l'une des principales armes dans la lutte contre la COVID-19. Cette crise marquera un tournant dans la gestion de la santé publique et globale pour de multiples raisons. L'une d'entre elles correspond au fait que, désormais, les politiques de santé publique ne pourront plus ignorer l'impact des inégalités numériques (Beaunoyer *et al.,* 2020).

Conclusion

La pandémie COVID-19 a présenté une expérience ad hoc pour rechercher des résultats sur divers aspects de la transformation numérique. En ce qui concerne l'évolution de la fracture numérique en 2020, nos résultats confirment que la pandémie a catalysé l'augmentation des compétences numériques au niveau européen. Cependant, la dynamique était différente dans les pays européens. On a identifié trois groupes de pays – allant des meilleures pratiques en matière d'utilisation de l'internet à l'utilisation insuffisante de l'internet par une partie relativement faible de la population. Ensuite, l'utilisation de données individuelles nous a permis d'identifier la dynamique de la probabilité d'appartenir au groupe des non-utilisateurs d'Internet parmi les citoyens de l'UE. Le signal de la persistance de l'inégalité numérique était présent dans les groupes 2 et 3, où la motivation supplémentaire avait été moins importante que l'appartenance à un certain groupe social, principalement les personnes âgées et moins instruites.

L'impact des mesures relatives à la situation pandémique sur la fracture numérique devrait être pris en considération de manière plus détaillée. Par exemple, l'augmentation massive du télétravail et des techniques d'apprentissage en ligne améliorent non seulement les compétences numériques, mais pourront être, en revanche, à l'origine de nouvelles formes de fracture numérique. Comme le soulignent Sostero *et al.* (2020), ''la forte expansion du télétravail depuis l'apparition de la COVID-19 a été fortement orientée vers les emplois hautement rémunérés de cols blancs''. Pourtant, les fermetures forcées ont probablement entraîné l'arrivée de nombreux nouveaux télétravailleurs parmi les employés de bureau et les travailleurs administratifs de bas et moyen niveau qui avaient auparavant un accès limité à ce mode de travail. Ceci est cohérent avec les évidences montrant, qu'indépendamment des différences dans les structures industrielles et professionnelles, que les grandes différences dans la prévalence du télétravail entre les pays de l'UE avant l'éclatement de la crise étaient largement dues à d'autres facteurs, notamment l'organisation du travail, la réglementation et la culture managériale. Ces résultats sont en conformité avec notre conception au sujet de l'existence de barrières "souples" et "dures" en matière de transformation numérique. Les conclusions soulignent la nécessité d'une adoption intelligente, en veillant à ce que l'UE s'adapte à l'ère numérique et aux défis mondiaux à venir. Dans ce contexte, des recherches supplémentaires sont nécessaires pour saisir d'autres aspects pertinents de l'évolution de cette fracture numérique observée durant la pandémie.

REMERCIEMENTS

Ce document de recherche a été rédigé en partie dans le cadre du projet VEGA 1/0668/20 "*Digital inequality and digital exclusion as a challenge for human resources management in the company*" et du projet KEGA 040UMB-4/2021 "*Diversification of content and didactic forms for teaching economic subjects in Slovak language and in world languages*" de la Faculté d'économie de l'Université Matej Bel en Slovaquie et avec le concours de ces deux projets.

REFERENCES

Beaunoyer E., Dupéré S., Guitton M. J. (2020), "COVID-19 and digital inequalities: Reciprocal impacts and mitigation strategies", *Computers in Human Behavior*, No 111, 106424, <https://doi.org/10.1016/j.chb.2020.106424>

Chaudhuri A., Flamm K. S., Horrigan J. (2005), "An analysis of the determinants of internet access" *Telecommunications Policy*, Vol. 29, Issue 9-10, p. 731-755, <https://doi.org/10.1016/j.telpol.2005.07.001>

Dasgupta S., Lall S., Wheeler D. R. (2001), "*Policy reform, economic growth, and the digital divide - an econometric analysis*", Policy, Reform working paper No. WPS 2567, World Bank Group, Retrieved March 31, 2001,<http://documents.worldbank.org/curated/en/935091468741308186/Policy-reform-economic- growth-and-the-digital-divide-an-econometric-analysis>

DiMaggio P., Hargittai E. (2001), "*From the "Digital Divide" to "Digital Inequality": Studying Internet Use as Penetration Increases", Working Paper Series* No. 15, Princeton University, Centre for Arts and Cultural Policy Studies, Retrieved July, 2001, <https://www.academia.edu/2802657/From_the_Digital_Divide_to Digital_Inequality_Studying_internet_use_as_penetration_increases>

Ertl B., Csanadi A., Tarnai C. (2020), "Getting closer to the digital divide: An analysis of impacts on digital competencies based on the German PIAAC sample", *International*

Journal of Educational Development, No 78, 102259, <https://doi.org/10.1016/j.ijedudev.2020.102259>

Fuchs C. (2009), "The Role of Income Inequality in a Multivariate Cross-National Analysis of the Digital Divide", *Social Science Computer Review*, Vol. 27, No 1, p. 41-58, <https://doi.org/10.1177/0894439308321628>

Hargittai E. (2002), "Second-Level Digital Divide: Differences in People's Online Skills", *First Monday*, Vol. 7, Issue 4, <https://doi.org/10.5210/fm.v7i4.942>

Helsper E. J., Reisdorf B. C. (2017), "The emergence of a "digital underclass" in Great Britain and Sweden: Changing reasons for digital exclusion", *New Media & Society*, Vol. 19, Issue 8, p. 1253-1270, https://doi.org/10.1177/1461444816634676>

Howard P. E. N., Rainie L., Jones S. (2001), "Days and Nights on the Internet: The Impact of a Diffusing Technology", *American Behavioral Scientist*, Vol. 45, Issue 3, p. 383-404, <https://doi.org/10.1177/0002764201045003003>

Kottak C. P. (1996), "Integration, Disintegration, and Reintegration via Advanced Information Technology", *Social Science Computer Review*, Vol. 14, Issue 1, p. 10-15, <https://doi.org/10.1177/089443939601400103>

Lai J., Widmar N. O. (2021) "Revisiting the Digital Divide in the COVID -19 Era", *Applied Economic Perspectives and Policy*, Vol. 43, 1, p. 458-464, <https://doi.org/10.1002/aepp.13104>

Martins Van Jaarsveld G. (2020), "The Effects of COVID-19 Among the Elderly Population: A Case for Closing the Digital Divide", Frontiers in Psychiatry, Vol. 11, 577427, <https://doi.org/10.3389/fpsyt.2020.577427>

Nguyen M. H., Hargittai E., Marler W. (2021), "Digital inequality in communication during a time of physical distancing: The case of COVID-19", *Computers in Human Behavior*, No 120, 106717, <https://doi.org/10.1016/j.chb.2021.106717>

Ono H., Zavodny M. (2007), "Digital inequality: A five country comparison using microdata. *Social Science Research"*, Vol. 36, Issue 3, p. 1135-1155 <https://doi.org/10.1016/j.ssresearch.2006.09.001>

Quibria M. G., Ahmed S. N., Tschang T., Reyes-Macasaquit M.-L. (2003), "Digital divide: Determinants and policies with special reference to Asia", *Journal of Asian Economics*, Vol. 13, Issue 6, p. 811-825. <https://doi.org/10.1016/S1049-0078(02)00186-0>

Ragnedda M., Kreitem H. (2018), "The three levels of digital divide in East EU countries. World of Media", *Journal of Russian Media and Journalism Studies*, Vol. 1, Issue 4, p. 5-26, <https://doi.org/10.30547/worldofmedia.4.2018.1>

Robinson L., Schulz J., Blank G., Ragnedd, M., Ono H., Hogan B., Khilnani A. (2020), "Digital inequalities 2.0: Legacy inequalities in the information age", *First Monday*, <https://doi.org/10.5210/fm.v25i7.10842>

Scheerder A., van Deursen A., van Dijk, J. (2017), « Determinants of Internet skills, uses and outcomes. A systematic review of the second and third-level digital divide" *Telematics and Informatics*, Vol. 34, Issue 8, p. 1607-1624, <https://doi.org/10.1016/j.tele.2017.07.007>

Selwyn N., Gorard S., Furlong J., Madden L. (2003), Older adults' use of information and communications technology in everyday life", *Ageing and Society*, Vol. 23, Issue 5, p. 561-582. <https://doi.org/10.1017/S0144686X03001302>

Sostero M., Milasi S., Hurley J., Macias E. F., Bisello M. (2020), "*Teleworkability and the COVID-19 crisis: a new digital divide?*", RC Working Papers Series on Labour, Education and Technology, European Commission: Eurofound, Retrieved May, 2020, from <https://ec.europa.eu/jrc/en/publication/eur-scientific-and-technical-research-reports/teleworkability-and-covid-19-crisis-new-digital-divide>

Van Deursen A. J. (2020), "Digital Inequality During a Pandemic: Quantitative Study of Differences in COVID-19–Related Internet Uses and Outcomes Among the General Population", *Journal of Medical Internet Research*, 22(8), e20073, <https://doi.org/10.2196/20073>

Van Deursen A. J., van Dijk J. A. (2019), "The first-level digital divide shifts from inequalities in physical access to iequalities in material access", *New Media & Society*, Vol. 21, Issue 2, p. 354-375. <https://doi.org/10.1177/1461444818797082>

Van Dijk J. A. G. M (2020), "Closing the digital divide: The role of digital technologies on Social Development, Well-Being of all and the approach of the Covid-19 Pandemic", United Nations, Department of Economic and Social Affairs, <https://www.un.org/development/desa/dspd/2020-meetings/socially-just-transition-digital-technologies.html>

Van Dijk J. A. G. M., (2013), "The state of digital divide theory", in Ragnedda Massimo, Muschert Glenn W. (eds), *Theorizing digital divides*, 1st Edition, London, Routledge.

Structures éditoriales du groupe L'Harmattan

L'Harmattan Italie
Via degli Artisti, 15
10124 Torino
harmattan.italia@gmail.com

L'Harmattan Hongrie
Kossuth l. u. 14-16.
1053 Budapest
harmattan@harmattan.hu

L'Harmattan Sénégal
10 VDN en face Mermoz
BP 45034 Dakar-Fann
senharmattan@gmail.com

L'Harmattan Cameroun
TSINGA/FECAFOOT
BP 11486 Yaoundé
inkoukam@gmail.com

L'Harmattan Burkina Faso
Achille Somé – tengnule@hotmail.fr

L'Harmattan Guinée
Almamya, rue KA 028 OKB Agency
BP 3470 Conakry
harmattanguinee@yahoo.fr

L'Harmattan RDC
185, avenue Nyangwe
Commune de Lingwala – Kinshasa
matangilamusadila@yahoo.fr

L'Harmattan Congo
219, avenue Nelson Mandela
BP 2874 Brazzaville
harmattan.congo@yahoo.fr

L'Harmattan Mali
ACI 2000 - Immeuble Mgr Jean Marie Cisse
Bureau 10
BP 145 Bamako-Mali
mali@harmattan.fr

L'Harmattan Togo
Djidjole – Lomé
Maison Amela
face EPP BATOME
ddamela@aol.com

L'Harmattan Côte d'Ivoire
Résidence Karl – Cité des Arts
Abidjan-Cocody
03 BP 1588 Abidjan
espace_harmattan.ci@hotmail.fr

Nos librairies en France

Librairie internationale
16, rue des Écoles
75005 Paris
librairie.internationale@harmattan.fr
01 40 46 79 11
www.librairieharmattan.com

Librairie des savoirs
21, rue des Écoles
75005 Paris
librairie.sh@harmattan.fr
01 46 34 13 71
www.librairieharmattansh.com

Librairie Le Lucernaire
53, rue Notre-Dame-des-Champs
75006 Paris
librairie@lucernaire.fr
01 42 22 67 13

www.ingramcontent.com/pod-product-compliance
Lightning Source LLC
LaVergne TN
LVHW010941061026
849535LV00007B/2507